Introducción a la poesía de Gómez Manrique

por
Kenneth R. Scholberg

Madison, 1984

317662

Spanish Series, No. 14
Copyright © 1984 by
The Hispanic Seminary of
Medieval Studies, Ltd.

ISBN 0-942260-40-6

Quiero expresar mi gratitud a Diana Ehrlich Scholberg y al profesor Juan Antonio Calvo-Costa, quienes han leído el manuscrito y me han ofrecido muchas y valiosas sugerencias y enmiendas. Claro que todo error u omisión ha de atribuirse sólo a descuido mío.

Kenneth R. Scholberg

A pesar del juicio favorable de Marcelino Menéndez y Pelayo, que le llamó "el primer poeta de su siglo, a excepción del Marqués de Santillana y de Juan de Mena"[1] y le dedicó casi cincuenta páginas elogiosas en su *Antología*, en realidad la poesía de Gómez Manrique no ha recibido toda la atención crítica que merece. Antonio Paz y Melia, en la "Introducción" a su valiosa edición del *Cancionero* del poeta,[2] trató más que nada aspectos históricos y biográficos de Gómez Manrique y lo mismo hizo Menéndez y Pelayo. En cuanto a las notas introductorias a ediciones parciales de sus poesías, son generalmente muy breves.[3] En la época moderna el único estudio de conjunto es el de María Teresa Leal de Martínez[4] que, aunque ofrece unos datos interesantes sobre la obra del poeta, también es de un carácter muy general. Admirable tratamiento de sus obras "consolatorias" es el de Rafael Lapesa, que pone de relieve la emotividad de que era capaz Manrique al componer obras destinadas a aliviar las aflicciones de su hermana o de su esposa.[5] La parte de la producción de Gómez Manrique que ha recibido mayor atención es la representada por sus obras dramáticas, las cuales han sido estudiadas con cuidado por Harry Sieber y Stanislav Zimic, entre otros.[6] Pero hay poco detallado sobre los temas, las diferentes formas métricas, lenguaje y recursos estilísticos de este insigne escritor, sobrino de Santillana y tío de Jorge Manrique.

Es para contribuir al aprecio y entendimiento de Gómez Manrique que me propongo exponer algunos aspectos importantes de sus obras. A modo de introducción a la materia, delinearé primero algo de su personalidad, sus sentimientos y actitudes, tal y como se desprenden de la lectura de sus versos. Luego, examinaré sus composiciones por tipos o temas, clasificándolas bajo las rúbricas de poesías amatorias, de ocasión, humorísticas, consolatorias o elegíacas, didáctico-políticas y religiosas, a fin de dar cierto orden al estudio de una producción muy variada. Tal clasificación es sin duda arbitraria —incluyo los pequeños dramas con las "obras religiosas," por ejemplo —pero me parece la más adecuada para abarcar cómodamente los más de cien poemas que compuso el vate. Después de eso, quiero pormenorizar las técnicas estilísticas que usa, empezando con el estudio métrico y continuando con el examen del vocabulario, las construcciones y, especialmente, las figuras retóricas que favoreció. Siguiendo la moda de la época, Gómez Manrique combinó a veces verso y prosa, ésta en forma de introducciones o glosas a sus estrofas. No es mi propósito dedicar atención especial a su prosa, pero la consideraré cuando venga al caso, sobre todo si ayuda a iluminar el concepto que tiene de la poesía.

Personalidad, actitudes y sentimientos de Gómez Manrique

Lo primero que se nota es que Gómez Manrique sentía muy hondamente los lazos de familia y que tenía un fuerte concepto de la importancia y continuidad de la misma. Esto se ve en el número de composiciones (por lo menos 21) que dirigió a varios de sus parientes, escritas a petición de algunos de ellos o en las que los menciona. Mandó "estrenas," poemitas de ocasión, a su hermano Rodrigo, Conde de Paredes, a la Condesa, su mujer y a su tía la Condesa de Castañeda; dirigió poemas jocosos a su hermano el Conde de Treviño; e intercambió elogios con su famoso pariente, el Marqués de Santillana, cuya muerte lamentó en el conocido "Planto" que dirigió a Pedro González de Mendoza, hijo del fallecido vate. También intercambió cortas composiciones con sus primos Sancho de Rojas y Diego de Benavides, y con sus sobrinos Jorge, Rodrigo y Fadrique. El primero de éstos fue el que compuso la "Respuesta," y son estos dos poemitas (núm. 397)[7] el único indicio que nos queda de intercambio poético entre tío y sobrino. Bien sabido es que "La Representación del Nacimiento de Nuestro Señor" fue escrita para las monjas del monasterio de Calabazanos, a instancias de María Manrique, su hermana, vicaria del monasterio. Escribió "Los Cuchillos del dolor de nuestra Señora" (núm. 378) para su mujer, Juana de Mendoza, y fue también a ella a quien dirigió, después de la muerte de dos de sus hijos, la sentida

"Consolatoria" (núm. 337), si no la mejor, sí la más personal y conmovedora de sus obras.

El poeta expresó en varias ocasiones el afecto y admiración que sentía por su famoso hermano mayor, Rodrigo Manrique, a quien llama "el segundo Cid" (núm. 346) u "otro Cid contra Granada" (núm. 368) o "el buen Cid segundo" (núm. 361). En una "Estrena" dirigida a Rodrigo, Gómez Manrique le compara con Héctor, Aquiles, Alejandro Magno, Paris, Aníbal, Escipión, Salomón, Catón, Julio César y Camilo, además de con el Cid, anticipando así las comparaciones que usó Jorge Manrique para elogiar a su padre.[8] La admiración por su hermano sobrevivió a la muerte de éste; en la carta que encabeza el cancionero de las obras que preparó para don Rodrigo Pimentel, Conde de Benavente, el poeta declara que "con menos enbaraço tomaria la lança en la mano para con aquella cumplir lo que por vuestra merced me fuese mandado, que tomo la pluma..." y continúa diciendo: "del primero destos dos ofiçios, demas delo auer mamado enla leche, oy desde mi mocedad enla escuela de vno delos mas famosos maestros que, como vuestra merced bien sabe, ouo en nuestros tiempos, que fue mi señor e mi hermano don Rodrigo Manrrique, maestre de Santiago, digno de loable memoria" (*Cancionero castellano*, II, pág. 1).

Consta que Gómez Manrique sentía un afecto parecido hacia su hermana Juana, Condesa de Castro. La elogia sumamente en la composición, sin título, en prosa y verso, que empieza: "No pocas vezes muy noble e virtuosa señora..." (*Canc. cast.*, II, págs. 56b-66b). Es una consolatoria por los sinsabores que sufrían ella y su marido, probablemente en la época de Enrique IV. Aparte de su tema sobre la fortuna, interesa la obra por los comentarios que el autor hace referente a su familia. Después de enumerar ejemplos de la antigüedad clásica y de la historia reciente castellana, el poeta escribe: "Agora me quiero, señora, tornar / a vos en el nuestro linage famosa" (pág. 64a), y en el siguiente comentario en prosa dice: "magníficas e tantas notables señoras an seydo e son enel linage vuestro...[pero] solas dos breuemente tocare; es a saber: dela muy magnifica señora doña Juana de Mendoza abuela nuestra cuya discriçion e bondat sus fechos notables e la fuerça de su segundo casamiento manifestaron, pues dela grandeza del coraçon suyo, las magnificas obras suyas dan testimonio. Es la segunda la nobilissima e muy virtuosa señora, mi señora doña Leonor, nuestra madre, por la qual lo que los sinples dizen dezir se puede: que estaua Dios de vagar quando la formo, pues en todo la tal fizo que, sin passion fablando, creo que no ser *inuenta similis ille*...." (pág. 64a). Más tarde en la obra le recuerda que desciende "de sangre real e grandes varones."

Si Gómez Manrique tuvo resentimiento por no ser sino un hijo segundón de una familia extendida y poderosa—fue el quinto de los quince hijos de Pedro Manrique, descendiente de la casa de los Lara, y su mujer doña Leonor de Castilla, nieta de Enrique III—verdaderamente apenas lo manifiesta en sus obras. Sólo en el proemio de su "Regimiento de príncipes" se refiere a su estado con estas palabras, un tanto amargas: "Como yo, muy poderosos señores [i.e. Isabel y Fernando], deçienda de vno delos mas antiguos lynajes destos reynos, avnque non aya subcedido enlos grandes estados de mis antecesores, no quede deseredado de algunos de aquellos bienes que ellos non pudieron dar nin tirar en sus testamentos, y, entre aquellos, del amor natural que mis pasados touieron a esta patria donde honrrada mente biuieron y acabaron y estan sepultados" (pág. 112). Pero incluso aquí, su propósito es más bien recalcar su patriotismo que lamentar su estado. De lo que sí se queja de vez en cuando es de su situación económica, aunque la queja está expresada en un tono más o menos jocoso. Así, por ejemplo, en la Introducción a las "Coplas para el señor Diego Arias de Avila," el escritor declara que si de lo que gana de sus escritos y "delas tierras e merçedes que tengo enlos libros del muy poderoso rey nuestro soberano señor, me oviese de mantener, entiendo por çierto que seria muy mal mantenido, segund yo trobo, e vos, señor, me librays" y poco después le recuerda al contador mayor que no le ha pagado "eso poco que tengo enlos libros del muy excelente rey nuestro señor, en cuyo seruicio gaste la mayor parte de mi niñez..."

(págs. 85-86). Vuelve al tema en el poema mismo, menos directamente, y dice que por decir la verdad sin adulaciones sus "atauios valen menos, / e nin tengo cofres llenos, nin vazios" (núm. 377, estr. 5, vv. 6-8). Sin duda pensaba en sí mismo cuando le aconsejó a Diego Arias: "E los que has de librar / libralos de continente; / los que no, graciosamente, / syn yra, syn accidente / los deues desenpachar" (ibid., estr. 27, vv. 1-5). El propósito, en estos versos, es recordarle al tesorero que le pague. Asimismo, cuando el converso Juan de Valladolid le pidió una dádiva y le dijo cuánto le había dado el Arzobispo de Toledo, Gómez Manrique le preguntó por qué pedía a los pobres caballeros, ya que "mas da su señoria / en vn dia / que suman todas mis rentas" (núm. 414, estr. 2, vv. 1-3). Posiblemente estas declaraciones de pobreza reflejen un vago resentimiento por su posición secundaria, pero en cuanto a los miembros de su familia, el poeta sólo expresa admiración y cariño.

La misma actitud generosa se nota en sus relaciones con muchos literatos. La lista de los poetas con quienes intercambió versos suena como un diccionario de los escritores de su época. Dirigió composiciones o intercambió preguntas y respuestas con Diego del Castillo, Francisco de Bocanegra, Juan de Mazuela, Diego de Saldaña, Francisco de Miranda, Pero Guillén de Segovia, el portugués don Alvaro (Brito), el poeta Guevara, Juan Hurtado de Mendoza, Francisco de Noya, Fernando de Ludueña y Juan Alvarez Gato, además de las que dirigió a sus parientes también escritores. Era costumbre entre los poetas elogiarse mutuamente y Gómez Manrique prodigó alabanzas a los escritores coetáneos suyos (quienes respondieron de la misma manera). En cuanto a Iñigo López de Mendoza, no hay por qué dudar de la sinceridad de la admiración que hacia él sintió Gómez Manrique, pero por buen poeta que fuera el Marqués, es desmedido decir que "pues en los metros el Dante / ante él se mostrara necio" ("Planto," pág. 82a). Hay que perdonar la exageración por la generosidad del sentimiento. En el mismo poema, Gómez Manrique demuestra su admiración por los ya difuntos escritores Alfonso de Madrigal, el Tostado, Alfonso de

Cartagena, Obispo de Burgos, Juan de Mena y Juan de Ixar, y el hecho de que hacia el final el escritor remita la Poesía a Fernán Pérez de Guzmán, como la persona capaz de presentar debidamente la grandeza de Santillana, me parece un cumplido admirable. A Francisco de Noya, tutor de Fernando el Católico, le alabó con "sabeys durmiendo / mas que los otros velando" (núm. 393, estr. 4, vv. 2-3) y a Juan Alvarez Gato con "Hablays perlas y plata" (núm. 421, estr. 1, v. 5).

Gómez Manrique siempre manifiesta una galantería intachable hacia las mujeres. En la literatura pro- y antifemenina, se halla decididamente entre los defensores; fue uno de los que se opusieron a Pero Torrellas, con las "Coplas que fizo Mosén Pero Torrellas contra las damas; contra dichas por Gómez Manrique" (núm. 340). En sus muchas "canciones," "esparsas," "suplicaciones" y otros versos amorosos siempre se expresa con delicadeza y deferencia. En la composición consolatoria a su hermana, ya mencionada, habla sólo de mujeres virtuosas, "dexando de nonbrar las que digo fazer el contrario, por que avn delas en tanta antigüedad pasadas non querria ser maldiziente" (pág. 606). En la misma obra, el poeta nos proporciona unos detalles interesantes sobre la enseñanza de la mujer y su papel relativo a las corrientes culturales en el período. Vale le pena citar dos trozos en prosa; el primero dice:

> ...porque alas senblantes a vos algunas estorias varoniles que aqui toco son ygnotas, en otras vos ocupando cosas ala conseruacion dela virtud e ala buena gouernaçion delas casas de vuestros maridos en sus veriles ocupaçiones ocupados, nesçesarias, acorde de añadir algunas cosas.... (pág. 57b).

Pero el segundo sugiere que las mujeres no estuvieron ausentes de las discusiones literarias:

> Avnque no por sus estorias aver leydo, mas siquiera por oydas, sera a vos, señora, manifiesta la gloria desta muy nonbrada çibdad troyana.... (pág. 60a).

Hay otros aspectos de esta composición consolatoria que merecen comentario; fue escrita a petición de una mujer (como varias otras obras del autor) y es, entre los escritos suyos, uno de los que contienen más referencias históricas y clásicas. Además, tanto en las secciones en prosa como en los versos, está escrita en un estilo deliberadamente elevado, con una evidente imitación de la estructura latina. Es indudable que Gómez Manrique creía que su hermana era capaz de entender y apreciar lo que él, con falsa modestia, llamó su "symple obra." Por otra parte, él no deja de revelar a veces cierta típica actitud masculina hacia las mujeres cuando dice, por ejemplo, que las once mil vírgines se comportaron "con vnos coraçones / de muy costantes varones" (núm. 403, pág. 118b).

En sus obras serias Gómez Manrique acostumbró a disculparse por su falta de conocimientos y habilidad. "Avnque en verdat no solamente poco, mas puedo nonada dezir he leido" escribió a su hermana (núm. 375, pág. 64a). En la carta-prohemio a Pero González de Mendoza habla de "la ynsuficiencia mia" (núm. 376, pág. 67b) y hace otro tanto al dirigirse a Diego Arias de Avila (núm. 377, pág. 86a). Pero éstos no son sino ejemplos del uso que hace del tópico de la modestia, tan manoseado en la Edad Media. En cuanto a su propia formación en "las sçiencias [y] arte dela poesia," escribió al Conde de Benavente: "yo estas nunca aprendi nin toue maestro que me las mostrase"(pág. 1a-b). Es decir, afirma ser autodidacto. A pesar de ello el gran número de referencias a leyendas greco-romanas, historia antigua y moderna y escritores de diferentes épocas que hallamos en sus obras prueba que fue uno de los hombres mejor leídos del siglo XV. Fue un activo guerrero, político y gobernante, pero no vio discrepancias entre tales actividades y el afán de aprender. Todo lo contrario, hizo hincapié en lo útil y necesario que era el estudio para los caballeros, "como quiera que algunos haraganes digan ser cosa sobrada el leer y saber alos caualleros, como sy la caualleria fuera a perpetua rudeza condepnada" (pág. 1b) y dio como ejemplo notable de caballero cumplido al "muy magnifico y sabio y fuerte varon don Iñigo Lopez de Mendoça, primero marques de Santillana, de loable memoria, mi señor e mi tio" (pág. 2b). Quizá lo que más admiró en Santillana era que el Marqués fue

> el primero de senblante prosapia e grandeza de estado que en nuestros tiempos congrego la ciencia con la caualleria, e la loriga con la toga; que yo me recuerdo auer pocos, e avn verdad fablando, ninguno delos tales que alas letras se diese; e non solamente digo que las non procurauan, mas que las aborrescian, reprehendiendo a algun cauallero si se daua al estudio, como si el oficio militar solo en saber bien encontrar con la lança o ferir con el espada consistiese. (Carta-prohemio, pág. 67a).

Y en el "Planto" afirmó:

> Ca no afloxa la ciencia
> las fuerças del cauallero,
> nin le faze la prudencia
> e la gentil eloquencia
> menos que sabio guerrero.
> Para no dubdar en esto,
> a este varon modesto
> el saber no le turbo
> quando Huelma combatio
> e la tomo mucho presto. (pág. 82a,b).

El consejo que dio al Rey Católico en el "Regimiento de príncipes" también acusa la importancia que da al estudio:

> Mi consejo prinçipal
> es, grand señor, que leays,
> porque sabiendo sepays
> desçerner el bien del mal.
> Que si la sabiduria
> es a todos conuiniente,
> mas ala gran señoria
> delos que han de ser guia
> y gouernalles de gente. (pág. 115a).[9]

Todavía otro aspecto de la personalidad que se desprende de sus obras, especialmente las serias, es su fervoroso patriotismo. Sin duda, los acontecimientos de los reinados de Juan II y de Enrique IV produjeron en él el pesimismo que se halla en la "Esclamacion e querella dela gouernacion" y en algunas estrofas del "Planto...por...Santillana" y de las "Coplas" dirigidas a Diego Arias de Avila. Los miembros de su familia fueron partidarios del príncipe Alfonso y, después de la muerte de éste, siguieron a su hermana. Gómez Manrique apoya con entusiasmo la causa de Isabel y Fernando[10] y expresa en el "Regimiento de príncipes" la esperanza de que ellos mejorarán la situación de la patria.

Finalmente, Gómez Manrique fue un cristiano creyente. Como en el caso de muchos otros poetas coetáneos, parte de su producción consta de composiciones devotas, especialmente en loor de la Virgen, y en sus obras didáctico-morales el consejo más constante es el de confiar en Dios y obrar según los preceptos de la religión. A pesar de su persistente uso de comparaciones, figuras y referencias basadas en las leyendas clásicas, siempre que invoca ayuda rechaza conscientemente las divinidades paganas y se dirige al Dios cristiano.[11] Así, en la "Consolatoria" a Juana Mendoza, después de desestimar el saber de las musas y de los dioses Plutón, Febo, Saturno *et al.*, vuelve "al Hazedor delos cielos estrellados" (pág. 18a); en el "Planto," otra vez dice que no invoca los planetas ni quiere ser socorrido de las musas, "mas del nieto de santa Ana / con su saber ynfinido" (pág. 68b) y se dirige "al mayor de los mayores" (pág. 72b). La "Invocación" de las "Coplas para el señor Diego Arias de Avila" empieza así:

> Delos mas el mas perfecto,
> enlos grandes el mayor,
> ynfinido sabidor,
> de mi, rudo trobador,
> torna sotil e discreto;
> que sin ti prosa nin rimo
>   es fundada,
> nin se puede fazer nada,
> Joannis primo. (pág. 86a).[12]

También apela al Dios cristiano en las "Invocaciones" del "Regimiento de príncipes" (págs. 115a,y 119b-120a). Pero Gómez Manrique fue un hombre moderado; a la reina Isabel la incita a reinar bien, diciéndole que no sirva a Dios "nin con muchas oraciones, / ayunas nin disciplinas, / con estremas deuociones, / saliendo delos colchones / a dormir enlas espinas" (pág. 120a,b). Tal vez vio en la severa reina castellana una tendencia a la piedad exagerada.

La poesía amatoria

Los versos amatorios representan una parte considerable de la producción de Gómez Manrique, ya que entre las ciento diez composiciones suyas, contenidas en el *Cancionero castellano del siglo XV*, casi cuarenta (incluyendo 14 "canciones") están dedicadas a este tema. Escritas todas en octosílabos, siguen la tradición que arranca de la poesía amorosa provenzal. Hay dos motivos básicos en los poemas de amor de Manrique; (1) la alabanza dirigida a la mujer, a su belleza, virtud y discreción y (2) la declaración de su propio sufrimiento, su tristeza y su lealtad como amador. Desde luego, el poeta nunca nombra a la dama que le inspira estos sentimientos pues, según las reglas cortesanas, sería una falta de decoro hacerlo. Pero en la mayoría de los casos, si no en todos, tal mujer probablemente no existía, o quizás sería más exacto decir que lo que no existía es la pasión amorosa. En Gómez Manrique, lo mismo que en casi todos los otros poetas de su siglo, el tema amoroso es más bien un pretexto para hacer versos, los cuales apenas nos convencen de que expresen un amor verdadero y profundo. Si hubo tal pasión en la vida de Gómez Manrique, no es posible averiguarlo por estos poemas. Pero si no se acostumbraba nombrar a la amada en este tipo de poesía consagrada por la tradición, tampoco era costumbre considerar a la propia esposa como objeto a quien dedicar los versos. Así, de entre los poemas breves, sólo uno está dirigido a su mujer, doña Juana de Mendoza, y éste es una obrita del tipo de las "estrenas" que dirigió también a otros miembros de su familia o a amigos. Parece ofrecer una emoción sincera aunque la hipérbole teológica de los dos primeros versos ya era un tópico:[13]

Amada tanto de mi
e mas que mi saluacion,
mas por la virtud de ti
que por ninguna pasion:
la mejor delas mas buenas,
rescibe estas estrenas
que te da
quien nunca jamas querra
tanto ya
ninguna delas ajenas. (núm. 336).

En la epístola en prosa con la que mandó a su mujer la "Consolatoria," escrita después de la muerte de dos de sus hijos y cuando doña Juana estaba enferma en Medina del Campo, hay un pequeño trozo de sumo interés para conocer las relaciones entre marido y mujer. Después de declarar lo difícil que le era tratar el asunto, Gómez Manrique dice que una de las "espuelas" que le animó era "acordarme que era para tu merced, que enla mocedat me solia dezir, estando en nuestros plazeres, que porque de quantas trobas hazia no enderesçaua a ella alguna, y esto me aliuio a le enderesçar estas en tiempo de nuestra turbacion, por ser mayor señal de amor" (pág. 16). La frase confirma que el poeta no dirigió los versos amatorios a su esposa, a la vez que sugiere que a ella le hubiera gustado recibir alguna atención poética. Los dos pasajes citados indican que si el poeta no podía (o no quería) expresar una "pasión" (véase el v. 4 del poema 336, arriba) hacia doña Juana, verdaderamente la amaba con una profunda estima.

Volviendo a las composiciones más estrictamente "amorosas," si no expresan emociones íntimas ni muy sentidas, por lo menos ofrecen a veces expresión delicada, ingeniosidad y variedad en la forma de presentar los tópicos del amor. La dama adorada es siempre la más hermosa de todas: en un caso, es tan bella que el poeta teme que ella se mate a sí misma, y le aconseja así:

sy vuestra vida quereys,
que jamas en buen espejo
nin en agua vos mireys;

> de que tanto vos aviso
> sy propia mente vos vedes,
> que sin tardança morredes
> del mal que murio Narçiso.

En la estrofa que sigue, echa mano de creencias populares:

> Y traed con vos, señora,
> vn pedaço de coral
> o vna honça de mora,
> por que no vos faga mal
> qualque vista ynfiçionada,
> que pues mirando matays,
> guarde vos Dios no murays
> por caso siendo mirada. (núm. 407).

También le aconseja que se guarde de las otras mujeres, ya que su extremada belleza, naturalmente, le atrae los celos de las demás (*ibid.*).

La dama captura al poeta con su belleza (núm. 329); él está en una prisión (núm. 330); y, en un arrebato de figuras, la llama "llave de mis cadenas, / calnado de mis esposas, / carçel de mi libertad, / verdugo de mis tormentos, / puerto do mis pensamientos / no fallan seguridad" (núm. 411, estr. 1). A su hermosura la dama ideal junta virtud y cordura: "mas beldad e fermosura / estremada / en vos sola fue juntada / con cordura" (núm. 347); y exclama el poeta: "O vos, luz delas prudentes, / prima delas virtuosas, / espejo delas fermosas..." (núm. 345). El tema predilecto de Gómez Manrique en las poesías amorosas es el de la partida. Dedica por lo menos nueve composiciones a lamentar la separación de la amada. La agradable canción "Esperanza de venir" (núm. 327) contrasta la alegría que tendrá al volver con la tristeza que siente al irse. En el "Sentimiento de partida" (núm. 342) juega conceptuosamente con formas del verbo "partir" y sustantivos semejantes: "Yo parto, mas no se parte / sienpre de vos mi pensar; / e lieuo la mayor parte / de dolor e de pesar" (estr. 3, vv. 5-8). En una "Lamentación" (núm. 366) declara que, a causa de la separación, vive "con gran temor de morir / del mal que murio Macias." La tristeza, la "pena dolorida" causada por haberse partido de la mujer es también la base de las "Trobas de Gómez Manrique a vna dama que le preguntaua como le yua." De sus nueve estrofas impresiona más la segunda, por la hipérbole imaginativa con que el poeta expresa la imposibilidad de contar sus sufrimientos:

> Si las tierras se tornasen
> en blanco papel toscano,
> los rios se trasformasen
> en tinta con que pintasen
> vn dolor tan ynvmano,
> los dichos materiales
> serian antes gastados
> que la meytad de mis males
> e tormentos desiguales
> ser pudiesen recontados. (núm. 406).

Gómez Manrique, al tratar de un tema tan trillado como es el amoroso, se esfuerza por encontrar nuevas y diferentes maneras de expresarlo. Por ejemplo, expresa su dolor al separarse de la dama en forma de una "Carta de amores" dirigida a ella. El contenido de la misiva poética son las usuales declaraciones de su tristeza, firmeza en amarla y deseo de servirla (núm. 315). El poema que empieza "O sy naçido no fuera" (núm. 408), que consta de seis estrofas de dos quintillas cada una, interesa por los tiempos verbales que se emplean. Después de los tres versos iniciales, con dos verbos en el imperfecto de subjuntivo como prótasis de la oración condicional, viene la conjunción "quando," seguida de verbo en imperfecto de indicativo, así:

> O sy naçido no fuera
> para ser tan desdichado,
> o si naçido, mueriera
> quando yo pensaua que era...

Sigue una serie de oraciones con "quando" (que se repite doce veces) y verbos en el imperfecto de indicativo hasta la segunda quintilla de la quinta estrofa, donde el poeta da la apódosis de la oración condicional que había iniciado en la primera estrofa:

> Entonçes fuera el venir

dela muerte dolorida
mucho mejor que el biuir;
auiendo vos visto yr
tan gozosa con la yda.

En "Para los días de la semana, de amores," el poeta dedica
una estrofa (compuesta de dos redondillas) a relatar a la dama
cómo manifiesta su dolor amoroso cada uno de los días. Lo
interesante en este caso es que estas siete estrofas sirven a modo
de introducción a otras siete más cortas (4 o 5 versos), que
representan lo que dirá cada día. Estas últimas están tomadas de
otras composiciones. La que corresponde a lunes, "O que
trabajo es partir ...," es de una obra anónima; la de martes,
"Mal mi grado / me conuien de vos partir...," es el comienzo de
un poema de Suero de Ribera; la de miércoles, "O que fuerte
despedida...," es de Diego de Sandoval; la de jueves, "Sol de ser
sans conpañia / partir me conuen de vos; / si be la culpa no es
mia, / mon cuer reman doloros" es otra composición anónima,
catalana o francesa; para el viernes Manrique echa mano de los
cuatro primeros versos de la conocida composición de Macías,
"Cativo de miña tristura;" para el sábado usa la primera estrofa
de "Vive leda si podrás" anónimo; y para el domingo, termina el
poema con la primera estrofa de la canción del Marqués de
Santillana que empieza "Recuérdate de mi vida."[14]

La "Batalla de amores," de 21 estrofas de nueve versos cada
una, nos recuerda que Gómez Manrique era guerrero en una
época en que los hechos de armas eran corrientes. Así, parece
natural que hablase del amor en términos militares, como lo
hicieron otros poetas del siglo XV.[15] Manrique desarrolla bien el
concepto; empieza con su turbación al oír los sonidos de guerra y
el armarse para defender su fe. Su "pensamiento," que le servía
de atalaya, le amonestó que no entrara en batalla, porque no
podría resistir tanta hermosura (estrs. 3-5); a pesar de su temor,
el poeta se mantenía firme (estrs. 6-7); colocó a su "lealtad" en
la primera línea de batalla, con su "constante verdad" a la
derecha y su "temor y secreto" a la izquierda, manteniendo sus
"sentidos" a la zaga, donde no podrían ser vencidos (estrs. 8-9).

Trató de animar a los suyos, pero no dejó de inquietarse (estr. 10). Llegaron las fuerzas enemigas, capitaneadas por "la mas fermosa señora / de quantas vi fasta agora" (estrs. 11-13). El tropel de su gran hermosura atacó a los defensores suyos (estr. 14) y él mismo entró en batalla (estrs. 15-16). Claro que quedó vencido y mal herido (estr. 17). Se rindió, pero pidió que ella le dejara su fe, que tenía entregada en otra parte (estrs. 18-20). Pero la dama le mandó llevar a su prisión "donde," dice el poeta, "maldigo mi suerte."[16] Contrastando con lo ingenioso de una obra como la "Batalla de amores" hay unas composiciones que impresionan por su falta de afectacion. Con razón se ha elogiado la delicadeza de sentimiento de "A vna dama que yua cubierta" (núm. 410), cuyo tenor es simplemente que él no podía menos de enamorarse de ella, a pesar de que iba encapotada. Fina emoción ofrecen también varias de sus "canciones," como la que empieza "Con la belleza prendes, / donzella, quantos mirays" (núm. 329) o "Vuestros ojos me prendieron / al punto que me miraron" (núm. 331), con su tema del poder de la mirada de la mujer. Agrada especialmente, a mi ver, la sencillez de la canción siguiente:

> De guisa vuestro deseo
>   me atormenta,
> que nada de quanto veo
>   me contenta.
> Dezienbre paresçe mayo,
> e noches los claros dias;
> mis mayores alegrias
> pasan mas rezio que rayo;
> e si mujeres oteo
>   de gran cuenta,
> ninguna de quantas veo
>   me contenta. (núm. 333).

Las breves poesías de ocasión

Otro aspecto muy tradicional de la producción de Gómez Manrique lo ofrecen las "Preguntas" y "Respuestas" que intercambió con sus amigos. Este intercambiar versos era un pasatiempo muy popular en el siglo XV (el *Cancionero de Baena* proporciona centenares de ejemplos) y Gómez Manrique no hizo sino seguir la moda. El propósito de tales intercambios era demostrar la habilidad en versificar, ya que el que contestaba tenía que utilizar las mismas rimas que usó el primer poeta. Cualquier asunto podía servir de base para la pregunta, pero generalmente los temas no eran de gran importancia. Entre las de Gómez Manrique, las cuestiones de amor parecen haber motivado el mayor número de composiciones. Por ejemplo, a Francisco de Bocanegra le preguntó si era mejor hablar a la dama sin verla o verla sin poder hablarle. Bocanegra contestó que prefería mirarla (núm. 311). Cuando Manrique le preguntó a su sobrino Diego de Rojas si prefería amar a una mujer fea, pero graciosa y discreta o a una hermosa indiscreta y poco graciosa, éste le replicó que amaría a la hermosa y que "ala fea, mal de teta / mate y mala saeta" (núm. 349). Hay a veces un aspecto más serio; su hermano, el Conde de Treviño, le preguntó poéticamente si el amar o dejar de amar depende de Dios o de la persona. La respuesta de Manrique era que, si no es por la gracia divina, tal amor no perdura (núm. 370). El intercambio, aun cuando no sea muy profundo, puede reflejar los acontecimientos de la vida política. Pedro de Mendoza fue preso por el rey y Manrique, después de lamentar que "la ynmensa turbacion / deste reyno castellano / faze pesada mi mano / y torpe mi descriçion," le preguntó cuál le era menos molesta, su "secreta prision" (i.e. de amor) o la detención que el rey le había impuesto. Mendoza, con la galantería propia de la época, respondió que quería más pasar un año en la cárcel que penar un día amando (núm. 352). Gómez Manrique intercambió con Juan de Mazuela varios pares de composiciones, uno de los cuales acusa, con bastante ingenio, el carácter de pasatiempo de tales intercambios. Gastan cinco estrofas (las impares son de Manrique y las pares de Mazuela) en las que tratan de emprender una contienda poética. Gómez Manrique dice que "Tiempo mucho mal gastado / es el que se gasta syn fazer nada" e invita a

Juan a comenzar; éste le devuelve la invitación, que el primero de nuevo le hace a él. No logran nada y por fin Manrique desafía a Mazuela (núm. 314).

A veces las preguntas no son sino adivinanzas, así cuando el poeta le pide a Diego del Castillo que le diga qué son ciertas "feroces compañas..." y la respuesta, no muy difícil de alcanzar, es que son abejas (núm. 353). La caballerosidad proporciona el asunto de un par de intercambios; una cuestión acometida por muchos autores tiene que ver con el origen de la caballería. Gómez Manrique le preguntó a Francisco de Noya, maestro de Fernando el Católico, si había reyes antes que caballeros. Noya respondió que había antes nobleza que "real excelencia" (núm. 393). (Rodrigo Cota y Pero Guillén de Sevilla ofrecieron semejantes opiniones en sendas respuestas.) Cierto don Alvaro (Brito), portugués, buscó la opinión de Gómez Manrique sobre cuál era mejor, el hombre armado caballero antes de la batalla o el armado después. La respuesta es que el que fue armado después es el mejor porque se hizo merecedor del honor antes de recibirlo. Cabe notar que Gómez Manrique tiene la gentileza de contestar a su interrogador en portugués (núm. 379). Preguntas sobre asuntos filosófico-morales aparecen de vez en cuando en los intercambios. Pero Guillén, en unos versos que hacen pensar en la "Esclamacion e querella dela gouernaçion" del mismo Gómez Manrique,[17] se quejó de la fortuna y del mal estado del mundo. Gómez Manrique sólo pudo contestar que el mundo está corrompido y que hay que tener firmeza (núm. 356). Cuando Gómez Manrique le preguntó a Juan Alvarez (Gato) "¿qué males pueden ser que nos pueden bien hazer?" y viceversa, éste le lisonjeó diciendo que el otro tenía el don de hacer de lo malo bueno, mientras que él mismo hacía todo lo contrario (núm. 421). De los intercambios en que participó Gómez Manrique, sólo uno toca una cuestión teológica; es en el que el poeta le pregunta a Juan de Mazuela si la muerte de Jesús fue necesaria o voluntaria, y la respuesta dada es que el Señor quiso recibir la muerte (núm. 371).[18]

Aunque hay cierta variedad de tema en estos intercambios,

todos tienen una semejanza; proporcionan a sus autores la
oportunidad de elogiar profusamente a la otra persona, a la vez
que, como era de rigor, insisten en la propia falta de talento. El
ya mencionado intercambio entre Manrique y Santillana, cuando
aquél le pidió a éste el cancionero de sus obras, sigue esta moda.
   Hay otros varios tipos de "poesía de ocasión" que escribió
Manrique. Unos son las "estrenas" o las composiciones "en
aguilando" que dirigió a parientes, amigos, eclesiásticos o
miembros de la familia real. Su propósito era desear al
destinatario buena salud y felicidad en el año venidero o muchas
y buenas pascuas o que la persona gozara de riquezas y
grandezas, pero a veces reflejan también acontecimientos
políticos. En las "estrenas" que dirigió a su tía, la Condesa de
Castañeda, expresó el deseo de que el marido de ella recobrara la
libertad (núm. 360).[19] A la princesa Isabel le escribió "enel año
començante / de ocho mas de sesenta" (núm. 390), deseándole
felicidad y que Dios le diera un rey por marido, deseo que
Manrique mismo ayudó a efectuar al año siguiente cuando Isabel
se casó con Fernando. Antes ya había festejado al joven
hermano de la princesa, Alfonso, en su "año catorzeño,"
después que los nobles quisieran destronar a Enrique IV. Aquí el
mensaje es que el "rey" Alfonso gobierne con discreción y
conquiste los territorios de los moros (núm. 417). Semejantes en
tono y propósito son las composiciones dirigidas a los monarcas
en las varias ocasiones en que los Manriques no estaban en
oposición a ellos. Al nacer el príncipe Alfonso, Gómez Manrique
escribió a Juan II, dándole la enhorabuena, con esperanzas
(sinceras, creo) de que el nacimiento de otro príncipe
(hermanastro del futuro Enrique IV) pusiera fin a las discordias
que agitaban la nación (núm. 344). Algo más sorprendente tal
vez, en vista de la actitud que después los nobles tuvieron hacia
ella, es el "Loor" dirigido por el poeta a la reina doña Juana,
mujer de Enrique IV (núm. 367). Es una composición de 14
estrofas en la que Gómez Manrique, aunque dice que no osa
"lagotar" a la reina, no hace sino lisonjearla, declarando que es
la más virtuosa de cuantas reinas ha habido, además de ser la

más hermosa, bondadosa, graciosa y cuerda de las mujeres. En este caso uno tiene que dudar de la sinceridad de las palabras. Ligeramente jocoso es "De Gómez Manrique al rey don Fernando, nuestro señor, porque non le queria dar vn halcon que le auia mandado fasta que le fyziese vnas trobas" (núm. 413). El poeta le dice al rey que dicho halcón era un poco viejo, porque "ya ha mudado seis veces," pero era tan ligero que nunca lo vio (porque el rey no se lo había dado). Sabemos que Manrique escribió el poema después de 1475, porque dice que el rey "pues a mengua de onbres buenos / me fizo corregidor."

Composiciones que, sin duda, fueron escritas con vistas a algún tipo de presentación oral son los dos "momos" que produjo para ocasiones festivas. El título de la primera (núm. 316) reza: "En nombre delas virtudes que yuan momos al nascimiento de un sobrino suyo." En cada una de sus siete estrofas la virtud que habla le concede al recién nacido los atributos suyos. Más interesante es "Un breue tratado que fizo Gomez Manrrique a mandamiento dela muy yllustre señora ynfante doña Isabel, para vnos momos que su excelencia fizo con los fados siguientes" (núm. 391), ya que la introducción en prosa da ciertas indicaciones de acción "teatral." Esta introducción es un discurso dirigido al príncipe Alfonso por su cumpleaños. La que primero habla le explica que ella y sus compañeras son las Musas, dotadas por los dioses con la habilidad de conocer el pasado, el presente y el futuro. Por eso, vienen el 14 de noviembre de (14)67, día en que el príncipe cumple los catorce años, a visitarle. Para que pudieran venir de su distante monte de Helicón, los dioses les cambiaron la forma; cubrieron de plumas a sus compañeras y a ella, la que habla, le dieron la forma de un blanchete (tenemos la indicación de sus disfraces). Siguen las estrofas con los "fados," presentados por los pájaros, es decir, las damas de la princesa (Mencía de la Torre, Elvira de Castro y otras). El último lo dio la princesa misma, quien deseó a su hermano glorias terrenas y celestiales. Es fácil imaginar a la joven infanta y a sus damas presentando este pequeño cuadro vivo al aún más joven príncipe.

Las obras humorísticas

Gómez Manrique ensayó también el humorismo, aunque la vis cómica no era su punto fuerte. Sus composiciones jocosas casi siempre son ataques personales, burlas de individuos, quienes son muchas veces de categoría social inferior. Corresponden a situaciones o incidentes del momento. Un grupo de poemas tiene como tema la montura envejecida y gastada de una persona. El propósito no era mofarse tanto del animal como de la pobreza o la tacañería de su amo.[20] El poeta escribió un poema "en nombre de una mula" de cierto señor Gonzalo (núm. 382); hace que el animal se queje a su amo del duro trabajo que sufre y de la falta de pienso. La mula admite que es vieja, que hay que emplear la espuela para hacerla andar y que tropieza a menudo. Como indicación de la pobreza de su dueño, le dice que sería bien "que empeñasemos el freno / por auer la noche buena." De tono semejante es el "Razonamiento de vn rocin a vn paje" (núm. 383). Esta bestia, que su amo, Lares, evidentemente usaba para montar, también reconoce su edad avanzada y que pronto cambiará la silla por la albarda. Hay además en el poema una ligera sátira de los eclesiásticos monteros, ya que el pobre rocín dice que había pertenecido a un cura de Matapozuelos, que lo usó para cazar y que había matado más liebres que rezó misas. Aunque había sido vendido como caballo árabe, el rocín jura que nació en el centro de Castilla.

Una de las composiciones jocosas de Manrique versa sobre las pérdidas que sufrió un pariente suyo en un juego de dados con un judío (núm. 385). Presenta el juego en términos de un encuentro armado, así: "Sope que vos encontrara / enla buelta del escudo, / e que syn romper la vara, / vos dexo medio desnudo" o "e dio vos tal golpeton / que saco por el costado / dela basta del jubon / con tres doblas vn ducado." Con cada suerte su pariente perdió más; hasta su mula temía tener que ser "judiega." El adversario llevaba la ventaja porque "traya lanças plomadas," es decir, usaba dados emplomados, y cuando la batalla terminó, "él quedo con el despojo" que montaba a "tres mil e ciento e çincuenta" (doblas). El poema, aparte de su carácter chistoso, nos revela algo de las costumbres sociales de la época; se infiere que el juego era una actividad en la que el cristiano y el judío podían asociarse al mismo nivel. Otro objeto de los dardos de Gómez Manrique fue el truhán de su hermano el Conde de Treviño. Este bufón también habría sido judío o converso, a juzgar por las acusaciones que le hicieron. El poeta dice (núm. 386) que tiene "la presencia de judio," que "no curas de capirote / ala guisa de Judea" y añade que "yo consiento que te den / con que vayas a Juda." La acusación principal contra este Mosén Juan es que no tiene gracia alguna.

Una serie de poemas están dirigidos contra otro converso, el llamado Juan Poeta (Juan de Valladolid). Fue éste el objeto de ataques de varios poetas, tales como el Comendador Román, el Conde de Paredes, un tal Ribera y el poeta-sastre converso Antón de Montoro. Gómez Manrique le dirigió siete poemitas. En uno (núm. 387), escrito cuando Juan Poeta estaba en la cárcel (no se indica por qué motivo), el poeta le dice que no creía que estaba preso, sino que estaba ayudando a su padre. Lo expresa así:

> que nunca biuio robando
> vuestro buen predeçesor
> y por esto yo cuydaua
> que estauades entonando
> el tiple con el tenor
> dela contra que leuaua.

Cuando el lector se da cuenta de que el padre de Juan de Valladolid era pregonero, entiende el juego, que es que Juan estaba armonizando con su padre en los pregones. Manrique también se dirige al converso en una ocasión difícil para éste, cuando fue capturado por los moros (tal vez cuando iba o venía de Italia ya que se sabe que estuvo allí también) (núm. 389).[21] El poeta finge compasión por su desgracia, pero no deja de recordarle su origen. Para decir que él mismo es cristiano viejo y el otro, cristiano nuevo, escribe: "yo soy ceçial y vos fresco." También le llama "nouicio / que quiere dezir confeso,"

"trobador syn capirote, / el mayor delos ebreos" y "proximo
nueuo." Pero admite guasonamente que pueden ser amigos
porque los versos del otro son tan malos que no ofrecen
competición alguna a sus propias poesías.

El "Consejo a Juan Poeta" (núm. 401) es que deje de
poetizar y que busque algún oficio manual con que mantenerse.
"En nombre del Ropero" (núm. 400) (Antón de Montoro, otro
converso, contrincante de Juan de Valladolid), Gómez Manrique
se dirigió al Marqués de Villena, atacando otra vez la habilidad
versificadora de Juan Poeta y aconsejando al Marqués que no le
favoreciera. El poema es insultante tanto para Montoro como
para Juan Poeta, ya que insiste en el judaísmo de ambos. Las
"Coplas de Gomez Manrique a Johan Poeta, que le demandaua
pan en su tierra, e dezia que le auia librado el arçobispo
quatrocientas fanegas de trigo enel arçiprestazgo de Halia"
(núm. 414) ofrecen las acostumbradas menciones del oficio de su
padre, de su falta de talento y de su condición de converso.
Referencia a la señal distintiva que habían de llevar los judíos son
estos versos de la cuarta estrofa:

> que esta vuestra poesya
> saltara en mercaduria
>   todavia,
> segun las señales veo.
> Destas señales nonbradas
> no declaro su blason,
> por quanto por la razon
> sacareys ser coloradas.

El "Fin" del poema pone de manifiesto el peligro que
amenazaba a los conversos:

> no se que se pueda dar,
> saluo solo vna capilla
> para que la pongays luego
> no por agua, mas por fuego
> que anda cabo Seuilla.

Hay que decir que Juan Poeta parece haber sido un partícipe más
o menos complaciente en lo que hoy día nos parece un

humorismo demasiado tosco. El mismo escribió a Gómez Manrique desde Aragón (núm. 394) para decirle que había cazado una puerca silvestre y que había puesto los lechones en una sinagoga, todo lo cual, desde luego, le dio a Gómez Manrique la oportunidad de burlarse de los antecesores de Juan, de acusarle de observar las reglas dietéticas de ellos y de llamarle "no judio ni cristiano / mas excelente marrano." Todos estos poemas chistosos, más que por un valor literario intrínsico, interesan por lo que nos dicen de la existencia en aquella época de una minoría de conversos y el caso particular de relaciones entre uno de ellos y algunos grandes señores como el Marqués de Villena, el Primado de España y el mismo Gómez Manrique. Así pues, si este converso no era precisamente amigo, sí tenía por lo menos cierta familiaridad con ellos.[22]

Las obras consolatorias o elegíacas

Cuatro son las composiciones de tipo consolatorio o elegíaco de Gómez Manrique que se incluyen entre los poemas suyos en el *Cancionero castellano del siglo XV*. La primera de ellas es la obra, sin título, que el escritor dirigió a su hermana, la Condesa de Castro, quien le había "rogado e mandado e aun molestado que sobre el caso desta aduersa fortuna [de ella] alguna obra compusiesse" (núm. 375). En ninguna parte dice Manrique de qué "adversa fortuna" se trataba, pero Paz y Melia, en su edición, explica que eran los quebrantos de fortuna que sufrieron Fernando de Sandoval y Rojas, el marido de doña Juana Manrique, y su padre, el primer Conde de Castro, quienes perdieron sus lugares y títulos al incurrir en el disfavor de Juan II, y no los recobraron hasta la época de los Reyes Católicos.[23] La obra tiene que fecharse entre 1452 y 1458. El *terminus a quo* se establece así porque el autor habla de la caída del Condestable don Alvaro de Luna, y el *terminus ad quem* se deduce del hecho de que habla del Marqués de Santillana como si aún estuviese vivo.[24] Al poema le precede una como carta-prohemio en prosa en la que el autor profiere sus excusas por no haber compuesto la consolación antes, alegando su falta de talento. La composición misma consta de 29 coplas de arte mayor, con glosas o explicaciones en prosa esparcidas irregularmente entre las estrofas. Así, hay dos estrofas seguidas de un párrafo en prosa, luego cuatro estrofas con otro párrafo, una estrofa con el correspondiente párrafo, etc. Lo más común es que una glosa siga a una o dos estrofas. Las 29 estrofas forman un poema coherente cuyo tema central es lo cambiante de la Fortuna, tema muy repetido en el siglo XV y cuyo mayor exponente fue Juan de Mena, en el *Laberinto de Fortuna*.

Después de elogiar a su hermana y expresar su propia falta de discreción, Manrique dice que quiere hablar de la Fortuna, que interpreta como "la prouidencia del alta tribuna / aunque los vocablos traemos mudados." Aunque emplea la figura clásica, la explica puramente como concepto cristiano: "Los casos que vienen estan destinados / por el fazedor de cielos e tierras; / aqueste permite los males e guerras / por nuestro beuir en tantos pecados" (estr. 6, vv. 5-8). Sigue declarando que es la condición humana la que causa los males. Su actitud es esencialmente pesimista, ya que cree que esta condición nunca cambia: "asi lo eredamos de nuestros auuelos, / e lo dexaremos alos subçesores" (estr. 8, vv. 1-2), idea que desarrolla en tres estrofas. Luego expone una serie de ejemplos, empezando con la antigüedad. Ejemplifican lo mudable de la Fortuna Atenas y Troya, ciudades que fueron destruidas, y Pompeyo, César y Escipión, héroes romanos que acabaron desgraciadamente. De la historia más reciente, pone los casos del Infante don Enrique, hijo tercero del rey don Fernando y, sobre todo, el del "Maestre e gran condestable" don Alvaro de Luna. Habla directamente a doña Juana para acusarla de no usar su "discreción," ya que ella tiene que saber que los bienes son temporales, sujetos a la Fortuna y que no es justo suspirar por lo perdido. Es lícito tratar de procurar riquezas y honores con rectitud, pero si se pierden, recomienda el poeta una actitud estoica, porque todo es pasajero. Expresa una buena idea medieval cuando dice que en la muerte todos son iguales. Pero termina con una nota alentadora;

aunque el bien se demora, le vendrá a ella algún día. Hay que confiar en Dios. Es el mensaje constante en la poesía seria de Gómez Manrique.

La "Defunzion del noble cauallero Garci Laso dela Vega" (núm. 346), en 37 estrofas de arte mayor, lamenta la muerte de un joven sobrino del Marqués de Santillana, que pereció en un encuentro con los moros el 21 de septiembre de 1458. Empieza con la escena de la lamentación en el campamento cristiano en contraste con la alegría que reinaba entre los enemigos por haber matado al esforzado caballero. El poeta pregunta que por quién se lamentan y así conoce el nombre del muerto y declara sus virtudes. Expresa su propio dolor y describe el traslado del cadáver a Quesada. A partir de la estrofa 16 narra cómo un mensajero llevó la triste noticia a la madre y hermanas de Garci Laso. Es el momento cumbre del poema y sin duda se inspiró en el episodio de la muerte de Lorenzo Dávalos en el *Laberinto de Fortuna* de Mena,[25] aunque hay bastante diferencia para defender a Gómez Manrique del cargo de no haber hecho sino una imitación servil del gran poeta cordobés. La diferencia se nota especialmente en la actitud de la madre del difunto. En el *Laberinto* (estrs. 203-206), la madre de Dávalos se desahoga en unos lamentos angustiosos, rasgándose la cara, besando a su hijo muerto y maldiciendo a su matador. En la "Defunzion" son doña Elvira, la hermana de Garci Laso, y sus damas quienes se rasgan la cara y se rompen los vestidos, y la madre tiene que calmar y consolar a las demás, lo cual hace con un estoico discurso en el que se refiere a Aristóteles y al *Dominus dedit* de Job. Ella indica que esta vida es sólo como un mesón y nosotros somos los caminantes que nos detenemos brevemente en él. Para terminar, el poeta vuelve a hablar de la sepultura del héroe y reitera su propia tristeza, la cual compara con el tormento de las mujeres troyanas cuando fue destruida su ciudad. Hay que admitir que el estilo demasiado literario del lamento de la madre disminuye su fuerza emotiva.

El "Planto delas virtudes e poesia por el magnifico señor don Iñigo Lopez de Mendoça, marques de Santillana e conde del

Real" (núm. 376), la más larga de las composiciones elegíacas de
Gómez Manrique—consta de 133 estrofas—, está precedido,
como otras obras poéticas suyas y de sus contemporáneos, de
una carta en prosa. Está dirigida a Pedro González de Mendoza,
entonces obispo de Calahorra, hijo del fallecido marqués. En ella
el autor hace hincapié en su propio pesar y elogia al difunto,
sobre todo, como ya hemos dicho, por saber combinar la vida
militar con la literaria y cultural. El "Planto" mismo empieza
con un apóstrofe a los suspiros del propio cantor, seguido de la
primera invocación a Jesús. Las estrofas 4 a 7 dan una
descripción del tiempo, en uno de los pocos pasajes en que
Manrique habla de la naturaleza. El poeta, sintiendo una
inexplicable tristeza, se dirige a un monasterio donde
acostumbraba hallar reposo, pero entra en un valle tenebroso
lleno de culebras, buhos y águilas, donde pasa la noche con
temor. A la mañana siguiente descubre una fortaleza de la que
salen gemidos de dolor; entra por la puerta abierta y ve a siete
doncellas, tres de ellas principales y cuatro menores, cada una
con un escudo o "tarja" que el poeta describe. Pregunta quiénes
son y por quién se lamentan y le dicen que son las Virtudes. La Fe
habla primero y llora la pérdida de Alfonso de Madrigal (el
Tostado), del Opispo de Burgos (Alfonso de Cartagena) y de un
tercero, de quien dice: "Cuya grand sabiduria / por ciencia me
sostenia / e mas como cauallero" (estr. 55, vv. 3-5). A
continuación, cada una de las otras Virtudes se lamenta,
equiparando su dolor al de trágicas figuras clásicas, como
Filomena, Lucrecia, Cornelia y Deianira. El poeta las deja
inconsolables y encuentra a otra doncella tristísima, la Poesía
(estr. 84). El "Planto dela Poesia" ofrece una honda emoción
expresada en versos de una idoneidad rítmica admirable.

> O Castilla! llora, llora,
> vna perdida tamaña;
> e tu real alcandora,
> pues es llegada la ora,
> con las tus lagrimas baña.
> E fagan tus naturales

> los plantos mas desyguales
> que nunca jamas fizieron,
> pues que syn dubda perdieron
> el mejor delos mortales!
> Lloren los ombres valientes
> por tan valiente guerrero,
> e plangan los eloquentes,
> e los varones prudentes
> lloren por tal compañero.
> E los lindos cortesanos
> lloren mas que los Tebanos
> por su pueblo destruydo,
> pues han el mejor perdido
> de todos los palancianos. (estrs. 87-88).

La Poesía recuerda la muerte de Juan de Mena y la de Juan de Ixar y finalmente revela que el recién fallecido es el Marqués de Santillana. Ha venido en busca de Gómez Manrique, dice, para darle la noticia de la muerte del Marqués e instarle a escribir acerca de la grandeza del mismo. Después de describir el poeta la perturbación que le causó el mensaje, relata su conversación con la Poesía. Expresa su tristeza y falta de habilidad para elogiar debidamente a un hombre tan extraordinario como lo fue el Marqués, cuyas cualidades vuelve a ensalzar. Alega que su propia "grand sympleza" no sirve para una empresa tan alta y aconseja a la Poesía que busque al toledano Fernán Pérez de Guzmán, quien será capaz de hacerlo. La Poesía se despide, desapareciendo en seguida, y una de las Virtudes le dice al escritor que vuelva de donde vino. Ellas se quedarán en su triste morada hasta encontrar otro hombre tan perfecto como el que perdieron, aunque, exceptuando siempre a las personas reales, no esperan hallar persona en que quepan todas las virtudes,

> Que los vicios e pecados
> y males estra medida
> tanto son apoderados
> en todos los tres estados,
> que no fallamos cabida
> despues dela defuncion
> deste en cuyo meson

> todas, todas ayuntadas
> siempre fuemos ospedadas
> syn otra contradicion. (estr. 128).

Se cierran las puertas y, sin saber cómo, el autor se encuentra otra vez en el lugar de donde había partido. Es evidente que Gómez Manrique ha seguido de cerca los ejemplos de Juan de Mena y del propio Santillana al componer su tributo a este último. Todo el concepto de una "visión" viene de ellos. También son reminiscencias del Marqués la descripción del tiempo (por ejemplo, en la "Defunsion de don Enrique de Villena" y en la "Comedieta de Ponza"); el uso de varias invocaciones (aunque las de Gómez Manrique se dirigen siempre a Dios, mientras que Santillana invocó a Villena o a Jove y las Musas en la "Comedieta"); el uso de un escenario desierto y salvaje, de noche, con fieras espantosas ("Defunsión"); el encuentro con unas damas que se lamentaban (las nueve Musas en "Defunsión," las cuatro mujeres reales en la "Comedieta"); y el uso de una personificación (Fortuna en la "Comedieta"). Hay además frases y expresiones en esta "Defunsión" que vienen de la obra de Santillana, como ya apuntó Rafael Lapesa.[26]

La última obra consolatoria es la "hordenada por Gómez Manrique para la muy noble señora doña Juana de Mendoça, camarera mayor dela muy excelente señora ynfante doña Isabel, su muy amada muger" (núm. 337). El poema está precedido de una carta, por la que se sabe que marido y mujer se encontraban separados; ella acompañaba a la reina en Medina del Campo, donde sufrió una enfermedad. En esta época él estaba en Toledo, donde era corregidor. Gómez Manrique escribió la obra para consolar a su mujer por la muerte de dos hijos, quienes fallecieron en el transcurso de cuatro meses, aunque no sabemos de qué enfermedad. El estado de ánimo abatido del poeta se deja ver muy claramente en la carta. Cita a Escipión el Africano: "Amigos, las cosas pasadas oluidemoslas; y si no las pudieremos oluidar, callemoslas." Dice que aunque se esforzó en no hablar de su pérdida, no la podía olvidar. Deseó escribir para consolarla y darse descanso a sí mismo y compuso la mayor parte del poema en los primeros dos meses después del funesto suceso. La noticia de la enfermedad de su mujer le perturbó tanto que no pudo continuar, pero, habiendo hecho lo principal, determinó acabarlo, a pesar de que "el tiempo que gasta todas las cosas y las desdora, ha gastado y enbotado mis sentidos de tal manera, que yo que, como tu merced bien sabe, solia hazer en vn dia quinze o veynte trobas sin perder sueño, nin dexar de hazer ninguna cosa de las que tenia en cargo, agora en veynte dias no puedo hazer media" (pág. 16a). También indica que acortó la obra originalmente planeada: "...que nunca con ella saliera bien ni mal a este puerto que salí, aunque cortara, como corte, enla materia buena y larga, maguera penosa, que auia tomado, si dos espuelas non me aguijaran..." (pág. 16b). Fueron éstas el deseo de escribir algo para su mujer (a quien, como mencionamos antes, él no había dirigido versos en su juventud) y también el de compadecer a la Marquesa de Moya, que había sufrido semejante pérdida.[27]

El poema consta de 34 estrofas, de diez versos octosílabos cada una, y está dividido en cinco partes muy desiguales. Empieza con un serie de exclamaciones y preguntas retóricas que hacen resaltar el dolor que siente el autor. Atribuye la muerte de sus hijos a sus propios pecados y dice que, aunque es inexpresable, su aflicción misma le dará elocuencia (estrs. 1-6). En la segunda sección el poeta deliberadamente rechaza la ayuda de las musas o de los dioses paganos: "Que mal podran socorrerme / estos que nada sopieron / enseñarme nin valerme," e invoca, como hace siempre, al Dios cristiano. También expresa su temor de emprender la materia por lo difícil que el asunto es para él (estrs. 7-15). A partir de la estrofa 16, se dirige a su esposa, con sincera expresión de afecto: "O señora de mi vida, / y sin dubda mas amada / y con mas razon querida!" Dice que su propio dolor se acrecienta cuando piensa en el de ella, pero que desea consolarla mostrando que los que consideramos bienes son muchas veces males y vice-versa. Ejemplo de ello son los peligros mortales que traen las riquezas, o el arrepentimiento que la cárcel pueda motivar en los hombres presos en ella. Debemos aceptar "con caras seguras" las amarguras de esta vida para gozar de las dulzuras eternas. La cuarta parte presenta una "Consolacion fundada sobre razon natural" (estrs. 25-32). Aquí el poeta arguye que aun cuando no hubiera la esperanza de una vida eterna, el llorar es inútil ya que no puede resucitar a los hijos muertos. Además, su hijo murió confesado, mientras que hay otros que mueren desesperados y pierden fama, vida y alma, y tal vez su hija hubiera quedado viuda, lo cual hubiera podido ser peor. Reitera que lo que él siente es el dolor de su esposa y que fue por los pecados de él que Dios quiso castigarlos a los dos. Lo único posible es tener paciencia. La quinta parte, de una sola estrofa (la 33), presenta las "Consolaciones fundadas sobre la fe catolica," que se resumen en el consejo "que de padres nos tornemos / hijos de Dios verdadero." Esta idea se repite en el "Fin."

La disparidad en el tamaño de las diferentes partes del poema—la materia introductoria y la invocación llenan 34 estrofas; la consolación basada en la religión ocupa una sola—deja ver que Manrique "cortó en la materia," como dice en la carta a su mujer que acompaña al poema. Sin embargo no es del todo negativo el efecto; aunque los lectores quedamos indudablemente con la impresión de que algo falta, lo incompleto de la obra realza nuestra percepción del sufrimiento que padecía el autor al componerla. Lo que no podemos saber es por qué insistió tanto en que fue por sus pecados que Dios les quitó a sus hijos. ¿Fue sólo para aliviar a su esposa o responde a un arraigado sentido de culpabilidad por alguna acción pasada? En todo caso, el lector se siente conmovido por la sinceridad de sus palabras y la profundidad de su emoción.

Las obras didáctico-políticas

La primera de las obras inspiradas por la situación socio-política de la nación es la "De Gómez Manrique, quando se trataba la paz entre los señores reyes de Castilla e de Aragon e se desabinieron," que debe fecharse hacia 1464.[28] En sus ocho estrofas el poeta protesta contra el que los líderes cristianos se hagan la guerra uno a otro en vez de dirigir sus esfuerzos bélicos contra el enemigo común, los moros. Aboga por la concordia entre ellos y les amonesta que a veces los fuertes son vencidos por los más débiles. Al final les recuerda que son descendientes de los mismos antepasados y vuelve a instarles a que junten sus fuerzas en una empresa común. Manrique no dice nada en cuanto a las causas de la disensión ni habla de culpabilidad. Su tono es sereno y se dirige a los dos reyes con completa imparcialidad. Es decir, no es una obra que apoye las pretensiones ni de uno ni de otro monarca. Desde luego, su poema no fue la primera vez en que se expresó el deseo de unidad entre los reinos cristianos. Tampoco es comparable en profundidad de emoción o fuerza de expresión con las dos obras que se considerarán a continuación, pero representa, sin duda, un deseo sentido por muchos de sus coetáneos, un deseo que se cumplió después con la unión de Isabel y Fernando.

Poema difícil, pero admirable, es la "Esclamacion e querella dela gouernaçion," que hace patente la indignación y disgusto que sentía Gómez Manrique ante la situación lamentable de la nación. No puedo fecharlo con certeza pero es evidente que fue escrito antes de que los Reyes Católicos pudieran poner fin a las disensiones internas del país (disensiones, dicho sea de paso, a las que los Manriques contribuyeron también). En vista de la turbia y revoltosa situación que imperaba por gran parte del siglo XV, la obra podría relacionarse con casi cualquier período de los reinados de Juan II o de Enrique IV. He dicho que es un poema difícil y lo es, no por oscuridad de los vocablos ni por complicaciones gramaticales—la expresión es posiblemente la más llana que se encuentra en la poética de Gómez Manrique—sino por la enumeración caótica que forma el cuerpo de la obra y que a primera vista tal vez deje desconcertado al lector. Pero este revoltijo de lugares comunes que ha confeccionado el poeta intencionadamente refleja el caos de la

sociedad. Manrique empieza declarando su admiración por
Roma en su época de grandeza:

> Quando Roma conquistaua,
> Quinto Fabio la regia
> e Çipion guerreaua,
> Titus Libius discriuia,
> las donzellas e matronas
> por la onrra de su tierra
> desguarnian sus personas
> para sostener la guerra. (estr. 1).

En seguida pasa a la actualidad, evocando el viejo tema clásico
del mundo al revés:

> En vn pueblo donde moro
> al neçio fazen alcalde,
> hierro preçian mas que oro,
> la plata danla de balde:
> la paja guardan los tochos
> e dexan perder los panes,
> caçan con los aguilochos,
> comen se los gauilanes. (estr. 2).

La primera estrofa, aunque tiene una serie de cláusulas, ofrece
una unidad sintáctica y lógica completa. En la segunda, cada dos
versos contienen una idea independiente. El poeta continúa con
esta técnica en las estrofas que siguen. La novena, por ejemplo,
reza así:

> La iglesia sin letrados
> es palaçio sin paredes;
> no toman grandes pescados
> con las muy sotiles redes.
> Los mançebos sin los viejos
> es peligroso metal;
> grandes fechos sin consejos
> sienpre salieron a mal. (estr. 9)

Lo de "No toman grandes pescados..." no parece tener relación
con "La iglesia sin letrados..." que le precede, ni con "Los
mançebos sin los viejos..." que le sigue. Hay, sin embargo, un
concepto subyacente que une todos los elementos, no sólo en la

estrofa citada sino en todas ellas, y así abundan las frases con "sin," sobre todo aquéllas en que lo que falta es el control, la dirección, come "villa sin regidores," "iglesia sin letrados," "cauallo sin freno," "ouejas sin pastor," "las gentes sin los caudillos," "galea sin los remos" *etc*. En la penúltima estrofa el poeta reelabora el concepto tratado al principio: "Al tema quiero tornar / dela cibdad que nombre," dando a la obra una construcción circular, y en el "Fin" hace muy claro que su preocupación está causada por la situación política:

> Todos los sabios dixeron
> que las cosas mal regidas
> quanto mas alto subieron
> mayores dieron caydas.
> Por esta causa reçelo
> que mi pueblo con sus calles
> avra de venir al suelo
> por falta de gouernalles. (estr. 18).

El lector ya habrá comprendido que "pueblo" (o "ciudad") que se usa en el poema es un caso de metonimia y que el poeta está hablando de toda la nación. Es una poderosa afirmación de la necesidad de orden en la vida de los hombres y en la del país.

Las "Coplas para el señor Diego Arias de Avila"—47 estrofas de 9 versos (una quintilla más una cuarteta de pie quebrado)—ofrecen una fluidez rítmica y una expresión imaginativa admirables.[29] Sin duda este poema es la mejor consideración de la fugacidad y la volubilidad de la vida que se compuso antes de las famosas "Coplas" de Jorge Manrique, de las que generalmente se admite que fue la fuente más inmediata. Le precede una carta en prosa dirigida al contador mayor de Enrique IV, en que se indica que Diego Arias le había pedido que escribiera algo para él y se revela además que el poeta sentía ciertos rencores hacia el de Avila porque el teserero no le había "librado" ciertas deudas, tema que vuelve a asomar gentilmente dentro del poema. Las "Coplas" mismas empiezan con la acostumbrada "Invocación" a Jesús ("Johannis primo"); el poeta pide ayuda para poder decir la verdad sin prolijidad, "en

estilo no grossero'' pero tampoco "lisongero.'' En la
"Introducción,'' de cuatro estrofas, se dirige a Arias, diciéndole
que no considere las faltas del que escribe sino sus consejos, que
presenta sin adulaciones. Es por decir la verdad, dice, que "mis
atauios / valen menos, / e nin tengo cofres llenos / nin vazios.''
Con la octava estrofa "Principia la fabla'' y establece en seguida
el tema y el tenor de todo lo que sigue:

O tu, en amor hermano,
nascido para morir,
pues lo no puedes fuyr,
el tiempo de tu biuir
no lo despiendas en vano;
que vicios, bienes, honores
que procuras,
passanse como frescuras
delas flores! (estr. 8).

En la estrofa siguiente utiliza conceptos de la vida como la mar
en que todos navegamos y la figura de la rueda (de la Fortuna).
Después de dar ejemplos de ciudades antiguas que
desaparecieron, pasa a la historia de hombres antiguos y
modernos, recordándole al destinatario que él mismo ha visto a
muchos derrocados de posiciones altas (estrs. 10-13). Vuelve a
amonestarle que no se fíe de la privanza ni de las riquezas, ya que
los bienes de fortuna no perduran. Los amigos de hoy le
abandonarán si cae, como lo hicieron con el Condestable (don
Alvaro de Luna) (estrs. 14-17). Manrique emplea la acertada
técnica de combinar declaraciones generales—"el alcalde
cadañero...en el judgar es temprado''—con consejos específicos
a Diego Arias—"en el tiempo que prestado / aqueste poder
touieres / afana.../ por ser de todos amado.'' Los consejos que
profiere insinúan que las acciones de Arias no han sido todo lo
que el poeta desearía, aunque le ofrece una disculpa, que es
"Que tu seyendo ynorante / delo tal, como lo creo, / segund lo
que de ti veo, / algunos te fazen reo / e reputan por culpante''
(estr. 23, vv. 1-5). Aparece el tema del poder igualitario de la
muerte, con el consejo concomitante de servir a Dios y pensar en

la vida eterna (estr. 29), pero es notable que el autor también propone que en realidad no hay diferencia entre los rangos durante esta vida terrena: "Mira los Emperadores, / los Reyes y Padres Santos; / so los riquisimos mantos / trabajos tienen y tantos / como los cultiuadores" (estr. 34, vv. 1-5). Sigue con ejemplos de cardenales, arzobispos y prelados, duques, condes y marqueses, privados de príncipes y oficiales de las casas reales—y aquí propone el caso del propio Arias: "que fartos te vienen dias / de congojas tan sobrados..." (estr. 42, vv. 1-2)—y de "mercadores" y navegadores, para exhortar otra vez a Arias que elija "otro firme fundamiento / de mas eterna durada (estr. 47, vv. 4-5).

El poema impresiona sobre todo por su unidad y constancia de tono. La combinación de amonestaciones generales y consejos específicos sirve admirablemente para aconsejar a todo lector, no sólo a Arias, a que obre bien. En cuanto a esta vida, el tono es de desengaño, de un pesimismo que subraya la caducidad de todo lo mundano, si bien existe la esperanza de una vida perdurable y por eso es necesario vivir con rectitud. Como hombre de su siglo Gómez Manrique no podía menos de recurrir a ciudades y hombres de la antigüedad clásica para ilustrar sus conceptos—lo mismo hará su sobrino Jorge Manrique—, pero cabe decir que en estas "Coplas" lo hace con más sobriedad y brevedad que en otros poemas suyos. Presta más atención, no a los individuos sino a los varios rangos, tanto eclesiásticos como laicos, de su propio tiempo. Lo que más impresiona son las magníficas figuras que recalcan la fugacidad de todo. La mayoría de ellas aparecen en la segunda parte de la estrofa, es decir, en los versos de pie quebrado, donde el mismo ritmo y el cortar los versos realzan la sensación de brevedad. Pero dejaré la consideración de ellas para más tarde.

El "Regimiento de príncipes," compuesto entre 1474 y 1478 e impreso en Zamora en 1482,[30] está acompañado también por un prohemio en prosa. Este lo dirigió el autor "a los serenisymos señores principes delos regnos de Castilla e de Aragon, reyes de Çeçilia." En él, como ya hemos dicho, Gómez Manrique expresa

amor por la patria lo mismo que orgullo en su linaje. Declara que
su deseo es que los príncipes (Fernando e Isabel) sean tan buenos
que se olviden, o se callen, las hazañas de los buenos reyes
Alfonsos y Fernandos, y, sin nombrar a nadie, que se olvide
también "lo que otros que despues subcedieron en su lugar han
fecho por el contrario en grande oprobio y disfamia suya e
destruycion destos reynos" (pág. 112a). Es para ayudarles, dice,
que escribe sus consejos "mas saludables e prouechosos que
dulces nin lisonjeros, como ombre despojado de esperança e
temor, de que los verdaderos consejeros han de caresçer" (pág.
112b).[31] Con toda honestidad Manrique confiesa que
originalmente pensaba hacer una parte para el Príncipe y otra
para la Princesa, pero que le faltó "saber para le dar forma, y el
tiempo para la seguir" (pág. 113a). Es por eso que la segunda
parte queda truncada.

En la primera de las 79 estrofas de que consta el
"Regimiento" Manrique se dirige a Fernando, declarando que le
dirá la verdad, lo que pocos consejeros hacen a los reyes y
señores. Ofrece como casos de reyes mal aconsejados los de
Roboán y Saúl entre los judíos, Nero, el asirio Sardanápalo, el
godo Rey don Rodrigo, el Rey don Pedro I (el Cruel) y, por fin,
"vuestro hermano," es decir, el hermano político de Fernando,
Enrique IV, contra quien deja ver el rencor que se sentía en el
bando de los Reyes Católicos. Según Manrique, "si sus ministros
miraran / su seruicio solamente, / ala Princesa excelente / no por
tal forma trataran" (estr. 11, vv. 1-4). Como es su costumbre, el
poeta rechaza la ayuda de los dioses paganos e invoca la del Dios
cristiano, en la estrofa 17. En seguida le da al Príncipe su
principal consejo, que es que lea para alcanzar la sabiduría, cuyo
principio es el temor de Dios. En esta parte del poema Manrique
vitupera a los "Maluados" que creen "que non ay enel biuir /
sino naçer e morir / como saluajes venados" (estr. 22, vv. 7-9),
evidencia de que él estaba consciente de las corrientes epicúreas y
averroístas que circulaban en la época. Aconseja a Fernando que
proceda rigurosamente contra ellos. Esto lo lleva a la primera de
las virtudes que considera, la esperanza (extraña que no haya

consideración especial de la fe). A Fernando le predica que la esperanza a solas no basta, que hay que juntar con ella las obras. Síguense la caridad y la prudencia; esta última le da otra ocasión de decirle al Príncipe que escoja buenos consejeros y que ponga sus consejos en obra, ya que "...no presta nada / consejo sin secucion" (estr. 34, vv. 8-9). Desde luego, le amonesta que sea justiciero (estrs. 36-41). La consideración de la templanza ocupa las estrofas 42 a 45 (en la última le recuerda los casos de Catón y Escipión el Africano) y la de la fortaleza, las estrofas 46 a 60. La fortaleza la ejemplifican los santos Lorenzo, Estéban y Andrés y las once mil vírgenes. También acude a los antiguos, como Codro y Nucio, para enseñar lo que es el verdadero esfuerzo. Termina la parte dirigida a Fernando reiterando su deseo de que sea un rey justiciero, verdadero y generoso (estr. 60).

Las estrofas que se dirigen a Isabel son sólo quince. Viene primero otra invocación (a la Trinidad) (estr. 61), seguida de un elogio de la hermosura y virtud de la Princesa (estr. 62). A ella le aconseja principalmente que evite los excesos de devoción y que gobierne con una justicia firme más moderada, siguiendo no la voluntad sino la razón. En las cuatro últimas estrofas el poeta habla a los dos, para decirles una vez más que teman a "aquel Dios por quien regnays / amandole, sy deseays / ser amados y temidos" (estr. 77, vv. 7-9). Concluye diciendo que aunque sus consejos pueden ser poco placenteros, son provechosos.

Las composiciones religiosas

La producción de tema religioso de Gómez Manrique es relativamente escasa pero incluye unas de sus mejores obras. Con la excepción de un poemita, todas las obras religiosas tienen como personaje central a la Virgen María. La excepción es la "Troba hecha a santo Tomé" (núm. 374), que consta de diez versos octosílabos que se dividen igualmente en dos partes. En los primeros cinco versos el poeta se muestra admirado ante la duda del santo, llamándola primero "dudosa" y "peligrosa," pero luego "provechosa." La segunda parte ofrece la explicación de que gracias a la duda de Santo Tomás no tenemos ya que dudar de que Jesús nació, murió y resucitó "y que nos resurgiremos."

En la "Canción ala concepcion de Nuestra Señora" (núm. 373) el poeta habla a la Virgen y recalca la necesidad que se tiene de ella para la salvación humana, contrastándola, como se hacía mucho en la Edad Media, con Eva. Las tres estrofas, que forman una "canción trovadoresca," son como una canción de amor a la Virgen, pero el tono es bastante impersonal. "Los cuchillos del dolor de Nuestra Señora" (núm. 378), que Manrique escribió a petición de su mujer, también se dirige a la Virgen: "O tu, reyna, que beata / entre todas las mugeres / merescistes ser y eres!" Sus quince estrofas de ocho versos octosílabos tienen pie quebrado en los versos 6 y 8. Como indica el título, el tema son los siete dolores de María, que son narrados según la tradición. La obra se hace más personal en las tres últimas estrofas, cuando el poeta ruega a la Virgen que le libre de mal pensar y obrar y que interceda por él ante Dios. El poema que se titula "Loores e suplicaciones a Nuestra Señora" (núm. 416) es la más "teologal" de las composiciones dirigidas a María, ya que en sus siete estrofas Manrique habla no sólo de la virginidad suya, sino también de la rebelión de Lucifer, el pecado de Eva y, sobre todo, del concepto de la Trinidad. Cada una de las cuatro primeras estrofas y la finida empiezan con una exclamación anafórica: "O madre de Dios, electa," "O fija de Dios y madre," "O tu, bendita muger," "O pura virginidad" y "O santa santificada." Como en "Los cuchillos del dolor," al final el poeta reza que la Virgen le proteja y que mantenga abiertas para él las puertas del paraíso. La "Cancion en honor de Nuestra Señora" (núm. 418), en forma de la tradicional canción trovadoresca, es una sencilla plegaria con la repetición de "repara mi triste vida / pues eres tan poderosa" (vv. 3-4 y 11-12). La misma brevedad de la composición y la sencillez de expresión realzan su sinceridad.

Las dos obras más comentadas de Gómez Manrique son las "[Lamentaciones] Fechas para la Semana Santa" y la

"Representacion del nacimiento de Nuestro Señor," las cuales han recibido la mayor atención precisamente por ser piezas representables ante un público, las únicas que ofrecen alguna evidencia de teatro castellano entre el "Auto de los reyes magos" del siglo XII y las obras de Juan del Encina, publicadas hacia fines del siglo XV. La crítica sobre estas obritas es sumamente discrepante. Por una parte hay quienes les niegan casi todo valor dramático. F. Ruiz Ramón, por ejemplo, dice del teatro manriqueño que "apenas si significa algo en la historia del teatro medieval español, como no sea mostrar su radical menesterosidad."[32] Ya antes, J.P. Wickersham Crawford, hablando de la "Representación," había opinado que "this little play shows slight progress, if any, in dramatic art over the *Auto de los Reyes Magos*."[33] En cambio, Angel del Río escribió que "comparadas con el *Auto de los Reyes Magos*,...las dos obras de Gómez Manrique significan un avance enorme."[34] Para Stanislav Zimic las de Manrique "son dos obras de extraordinario valor dramático, dignas de figurar entre las mejores muestras del teatro medieval europeo."[35] Consideremos primero las "Lamentaciones."

Es una pieza muy corta, de sólo trece estrofas. Basada en el capítulo XIX (25, 26, 27, 41, 42) del Evangelio de San Juan, presenta a la Virgen y a San Juan al pie de la Cruz, presenciando los últimos momentos de la agonía de Jesús. También presente, aunque no habla, está la Magdalena. Se cree que las "Lamentaciones" se relacionan con alguna versión del *Planetus Mariae*, pero no se ha encontrado una fuente directa de la obra. María habla primero; se identifica y se dirige a los oyentes:

> Ay dolor, dolor
> por mi fijo y mi Señor.
>   Yo soy aquella Maria
> del linaje de David;
> oyd, señores, oyd,
> la gran desuentura mia,
>   ay dolor! (estr. 1).

En la segunda estrofa María contrasta con amargura el gozoso

mensaje que había recibido del angel Gabriel, "Que el Señor era
conmigo," con su aflicción actual. Otra vez (estr. 3) apela a
todos a compartir su pena: "O vos, hombres... / Y vosotras que
teneis / padres, fijos y maridos... / .../ Llorad comigo, casadas,
/ llorad comigo, donzellas... /... / Llore comigo la gente de
todos los tres estados." La actuación de San Juan es paralela a la
de la Virgen; es decir, se identifica y se dirige a los oyentes:

> Ay dolor, dolor,
> por mi primo y mi Señor.
> Yo soy aquel que dormi
> enel regazo sagrado....
> ......
> Yo soy Juan....
> ......
> Yo soy el primo hermano
> ......
> O pues, ombres pecadores
> rompamos nuestros vestidos....

El santo hasta llega a decir que se mataría, si no fuera que Cristo
le había confiado el cuidado de su Madre. Hasta este punto lo
que se va presentando son dos monólogos, que ocupan las dos
terceras partes de la obra. Lo restante está más en forma de
diálogo. San Juan habla a Magdalena: "O hermana Magdalena,
amada del Redentor...," quien no contesta. Como dice Zimic,
"Este personaje no pronuncia ni una sílaba y, sin embargo, su
presencia es concreta, perturbadora."[36] En seguida, Juan se
dirige a Santa María, para lamentar una vez más la imposibilidad
de expresar su congoja. Ella le contesta, y parece que sus
palabras apuntan a los acontecimientos después de la Crucifixión
misma:

> Vos, mi fijo adotivo,
> no me fagais mas penar,
> dezidme sin delatar
> si mi Redentor es viuo.... (estr. 12).

La respuesta de San Juan también lleva la mente del oyente a lo
que había de ocurrir después:

> Y vamos, vamos al huerto,
> do veredes sepultado
> vuestro fijo muy preciado
> de muy cruda muerte muerto. (estr. 13, vv. 5-8).

Refiriéndose a las palabras de María, Zimic dice que "la Madre, que ha visto morir al Hijo, no se resigna todavía, porque en su corazón cobija una imposible esperanza."[37] Sin embargo, la elección de la palabra "Redentor," y no "Hijo," hace pensar en el Cristo inmortal más bien que en el Jesús de carne y hueso. De modo semejante, aunque las últimas palabras de San Juan son de Jesús sepultado y "de muy cruda muerte muerto," todo creyente sabría que fue el descubrimiento posterior del sepulcro vacío lo que dio la prueba de la Resurrección.

En cuanto al valor dramático de las "Lamentaciones," hay que admitir que depende en gran parte del asunto mismo; el momento culminante de la vida terrena de Jesús fue precisamente su muerte. Los autores de las diferentes versiones del *Planctus Mariae* ya se dieron cuenta del gran efectismo de presentar la escena desde el punto de vista de la Madre; no puede haber una situación más patética. Así, no se puede decir que hay gran originalidad por parte de Manrique al reproducir este momento. Pero sí creemos con Zimic que sus versos son realmente un tratamiento teatral. Los personajes son verdaderas *dramatis personae* y, aunque no hay acotaciones, no es difícil imaginar todos los gestos y movimientos de María, Juan e, incluso, Magdalena. No se sabe si la obrita fuera presentada en algún monasterio o convento, pero su concepción es sumamente dramática.

La "Representación del nacimiento de Nuestro Señor" es, sin duda alguna, la obra más conocida de Gómez Manrique. Ofrece una trama aparentemente sencilla; sale primero San José, que se queja de la preñez de su Esposa. En seguida, la Virgen ruega a Dios que alumbre la ceguedad de José y entonces el Angel le dice a éste que Isaías había profetizado que una virgen daría a luz. Se supone que pasa el tiempo y en una como segunda escena María, "cuando le dieron el niño," adora a su Hijo.

Luego, un ángel anuncia el nacimiento a los tres pastores
(cambio de escena) y ellos vienen a adorar a Jesús. A los pastores
les siguen los ángeles Gabriel, Miguel y Rafael, cada uno de los
cuales ofrece su servicio a María. Los últimos que salen son
personificaciones de los instrumentos de la Pasión; juntos
presentan al Niño el cáliz y uno por uno el "astelo" y la soga, los
azotes, la corona de espinas, la Cruz, los clavos y la lanza
pronostican su fin. La obrita termina con una "canción para
callar al niño" que habrá sido cantada por las monjas y el
estribillo, "Callad, fijo mio chiquito," recitada por la que hacía
el papel de la Virgen.

Ahora bien, entre los reparos que se le han puesto a la
"Representación" tal vez los más destacados son (1) que San
José es una figura innecesaria en la obra y (2) que la presentación
de los instrumentos de la Pasión es una nota chocante en el tema
navideño. En cuanto al primer punto, Humberto López Morales,
por ejemplo, escribe que "el personaje de José está insertado
artificialmente en este conjunto; su presencia obedece a un
requisito elemental impuesto por el tema; pero en esta obra,
estructuralmente, sobran la duda y el personaje."[38] Sobre los
instrumentos de tortura N.D. Shergold dice: "The story is
elaborated at the beginning with a scene between Mary and
Joseph, who suspects his wife of adultery; and at the end by a
rather macabre variation on the the theme of the Christmas
gift."[39] La respuesta a tales reparos se da en la interpretación,
imaginativa pero muy atinada, de la obra que hace Stanislav
Zimic. Para él, San José es el eje de la trama y del tema y todo lo
que ocurre después de su encuentro con el ángel se debe
considerar como su sueño o visión. "La *Representación* viene a
ser así la reprensión de la Duda y la reafirmación enfática de la
Fe"[40] no sólo para el personaje de San José, sino también para
los que presencian la obra. Si se acepta la interpretación de
Zimic, es evidente que la escena de los ofrecimientos de los
"Martirios" es necesaria para completar el convencimiento de
José. Además, esta previsión de la Pasión—un recordatorio del
verdadero significado de Jesús, su nacimiento, vida y muerte,

todo necesario para la salvación, según la fe cristiana—viene preparándose desde la primera escena de María con el niño Jesús. Ya en la tercera estrofa de su adoración ella dice: "Mas este mi gran plazer / en dolor sera tornado; / pues tu eres embiado / para muerte padecer / por salvar los pecadores." De modo semejante, el tercer pastor se dirige al Niño con: "muchas graçias te fazemos / por que quisiste, Señor, / la nuestra carne vestir, / en la qual muy cruda muerte / as por nos de reçebir" (estr. 14, vv. 3-7). El tema de la Pasión también se continúa después del ofrecimiento de los "Martirios," en la canción final, ya que su primera estrofa se refiere claramente a la muerte de Jesús: "Callad vos, Señor, / nuestro redentor, / que vuestro dolor / durará poquito," y la cuarta estrofa dice: "Este santo dino / niño tan benino / por redimir vino / el linaje aflito." En fin, el tema navideño no lo utiliza Manrique tan sólo en la manera tradicional como una sencilla re-creación de la historia del Evangelio de San Mateo I, 18-25, sino como vehículo para recalcar el tema de la salvación de la humanidad, tema que aparece en gran parte de sus composiciones serias.[41]

La métrica de Manrique

Gómez Manrique fue un poeta muy tradicional en el empleo de formas métricas; se atuvo por completo a los versos octosílabos o dodecasílabos y, como sus contemporáneos, nunca trató de seguir a su tío, el Marqués de Santillana, con el ensayo del soneto endecasílabo. En efecto, Gómez Manrique utilizó casi exclusivamente el octosílabo, ya que empleó los versos largos solamente en cuatro composiciones, todas en forma de coplas de arte mayor.[42] Una de ellas es el poema que dirigió a Santillana, pidiéndole que le enviara un cancionero de sus poesías (núm. 343). Consta de ocho estrofas más una finida de cuatro versos. (El Marqués le contestó usando las mismas rimas de la petición de su sobrino.) Otra composición en coplas de arte mayor es la "Defunzion del noble cavallero Garci Lasso dela Vega" (núm. 346), fuertemente influida por las obras solemnes de Juan de

Mena y Santillana. Consta de 36 estrofas más la finida. El tercer
poema de este tipo se contiene en la larga consolación que el
poeta escribió a su hermana, la Condesa de Castro (núm. 375).
Se puede considerar como una carta en prosa con intercalaciones
en verso o, más bien, como un poema con una introducción y
explicaciones-aclaraciones en prosa, ya que los versos,
desprovistos de los comentarios, ofrecen una composición
coherente. Cabe notar que los tres poemas enumerados tienen el
mismo esquema de rimas, dos cuartetos en forma abrazada,
como ésta, la sexta estrofa del núm. 375:

> Desdichas e dichas, venturas e fados,
> y esta que nos llamamos Fortuna,
> es la prouidencia del alta tribuna,
> avnque los vocablos traemos mudados.
> Los casos que vienen estan destinados
> por el fazedor de cielos e tierras;
> aqueste permite los males e guerras
> por nuestro beuir en tantos pecados.

La otra obra suya en coplas de arte mayor es la contestación a
una pregunta de Diego del Castillo, del tipo muy popular en el
Cancionero de Baena, "¿Quién son aquellas feroces compañas,
etc?"—cuya respuesta es "abejas" (núm. 353). En este caso
Manrique no hace sino seguir el esquema establecido por del
Castillo, un cuarteto cruzado y otro abrazado: ABAB-BCCB.

Si Gómez Manrique se limitó preponderantemente a los
versos octosílabos, sabía presentarlos con gran variedad, ya que
utilizó en sus poemas casi todas las combinaciones populares en
su época. De las que usó, la estrofa que menos aparece es la copla
de arte menor, compuesta de 8 octosílabos en dos grupos y con
dos o tres rimas. Manrique la usó poco, tres veces en respuestas a
preguntas que le dirigieron otros poetas, quienes, naturalmente,
establecieron la forma en que había de darse la respuesta también
(núms. 348, 350 y 356). El otro caso es un poemita de tema
amoroso, cuya primera estrofa reza:

> Si se ha de dilatar
> esta pena tantalea,

> el que mi vida desea
> no la deue desear.
> Ya no puedo conportar
> el dolor que me guerrea,
> pues vos plaze que vos vea
> y non vos ose tocar. (núm. 399).

Quince composiciones tienen la forma de la canción trovadoresca, es decir, se componen de redondillas con las rimas de la primera repetidas en la última y con rimas diferentes en la del centro. Puede haber una serie de coplas, con la repetición de las rimas de la primera en la tercera y quinta. El tipo de repetición puede variar; a veces sólo la rima es igual, hay casos en que la última palabra, el último verso, la última palabra del verso tres y todo el verso cuatro, o los dos versos completos se repiten. En las colecciones este tipo de poema siempre se titula "Canción." Típica, por su tema de separación de la amada, es esta "Canción," que citamos en su totalidad:

> Esperança de venir
> alegre, si Dios quisiere,
> causa que no desespere
> con el dolor del partir.
> Que si me no recordase
> dela gozosa venida,
> no dudo que me acabase
> el pesar dela partida;
> mas el plazer que sentir
> atiendo quando boluiere,
> causa que no desespere
> con el dolor del partir. (núm. 327).

Otra estrofa popular con Manrique es la copla castellana, compuesta de dos redondillas con cuatro rimas diferentes. La empleó 18 veces, en distintos esquemas. A veces hay una redondilla adicional como "Fyn" o "Finida" que repite las rimas de la segunda redondilla de la estrofa inmediatamente precedente. El interesante "Para los dias de la semana, de amores" (núm. 364) consta de siete coplas castellanas, cada una seguida de una redondilla o de una quintilla, versos que se toman de otras composiciones (de Suero de Ribera, Macías y Santillana, entre otros). La extensión de las composiciones en coplas castellanas varía de una sola estrofa (núm. 383) a dieciocho estrofas (núm. 369, la "Exclamacion e querella"), pero generalmente los poemas en esta forma son más bien cortos. El núm. 383, de una sola copla, tiene cierto aspecto epigramático:

> Sola de Gómez Manrique, desta calidad a vna muleta
> del señor conde de Treuiño, su hermano.

> Si poneys ala muleta
> que viene de tranco en tranco
> diez años del rocin blanco
> que traes ala gineta,
> del tauardo, dos e medio,
> e çinco de sus pellejos,
> a ella dareys remedio,
> ellos no seran tan viejos.

Manrique compuso unos 17 poemas en coplas reales, estrofas de 10 octosílabos repartidos en dos semiestrofas con cuatro rimas. Usa dos veces la forma 4-6. El sentimiento de separación, expresado en la Canción núm. 327, también suple el tema de una "Lamentación" en coplas reales:

> Avnque de vos me parti
> encubriendo mi dolor,
> despues que me despedi
> el mi planto fue mayor
> que el que fizo Geremias,
> llorando noches e dias
> mi maldito despedir;
> el qual me faze beuir
> con gran temor de morir
> del mal que murio Macias. (núm 366, estr. 1).

En los otros casos utiliza coplas de semiestrofas equivalentes, 5-5, con varios esquemas de rimas distintas en cada parte: Las composiciones en esta forma varían de una sola estrofa (núm. 374, "Troba hecha a Santo Tomé") hasta 134 (núm. 376, "El Planto de las virtudes").

Abundante en la poética de Gómez Manrique es la copla mixta, generalmente en estrofas de nueve versos, aunque las hay también de diez y de once versos. En cuanto a las novenas, la combinación de una redondilla a la cual sigue una quintilla se usa diez veces, mientras que la estrofa mixta de 5-4 ocurre siete veces. Hay cuatro rimas de varios esquemas, sin entrelace entre las semiestrofas. He aquí un ejemplo del primer tipo, con la combinación ABBA-CDDDC. Es la primera estrofa de las "Estrenas de Gomez Manrique al Obispo de Burgos:"

> Toda mi casa he buscado
> por ver, señor, si fallara
> estrenas que os enbiara
> conforme a vuestro estado.
> Mas el pobre tinel mio
> no tiene tan gran valor
> como soys merescedor;
> por lo qual con grand amor
> a mi mesmo vos embio. (núm. 398).

En dos poemas Manrique empleó una estrofa de diez versos, una combinación de una redondilla y dos tercetos octosílabos, con cinco rimas, (núms. 358, 400) y otro tiene dos tercetos más una redondilla (núm. 363). Todavía otra combinación es la de una quintilla seguida de dos tercetos octosílabos: (núm. 387).

Gómez Manrique empleó la copla de pie quebrado 25 veces, en estrofas de ocho a doce versos y con gran variedad en la posición de los quebrados. Las estrofas de ocho versos son en realidad coplas castellanas con uno o dos quebrados en la segunda semiestrofa. La novena de pie quebrado se da en la combinación 5-4, quintilla más redondilla, con los quebrados en la segunda semiestrofa. La estrofa más común entre los quebrados del poeta es la de diez versos, con semiestrofas iguales, (núm. 368), esquema 4-6 (núms. 336, 360, 409) o 6-4 (núms. 314, 317, 380, 414). Hay una copla de pie quebrado de once versos (núm. 345) y otra de doce versos (núm. 318). Dos canciones trovadorescas tienen quebrados en los versos pares de la redondilla inicial y en la última y con la repetición de la

palabra final del verso 3 y todo el verso 4 en los versos 11 y 12:
(núms. 325, 333). Sin duda, el uso más acertado del pie quebrado
por Gómez Manrique es su poema al contador mayor Diego
Arias de Avila, con sus constantes recuerdos de lo efímero de la
vida. Como dijimos antes algunas de sus estrofas son dignos
antecedentes de las "Coplas" de Jorge Manrique:

> Que las vestiduras netas,
> y ricamente bordadas,
> sabe que son enforradas
> de congoxas estremadas
> e de passiones secretas;
> y con las taças febridas
> de bestiones,
> amargas tribulaciones
> son beuidas.
> Mira los Emperadores,
> los Reyes y Padres Santos;
> so los riquisimos mantos
> trabajos tienen y tantos
> como los cultiuadores;
> pues no fies enlos onbres
> que padecen,
> y con sus vidas perecen
> sus renombres. (núm. 377, estrs. 33-34).

Hay unos casos especiales que merecen consideración.
Manrique ensayó la glosa que en su caso es la re-elaboración
amplificada de una canción trovadoresca, titulada solamente
"Cancion agena." Consiste en tres coplas de arte menor, de dos
rimas cada una, en que los versos 3-4 y 7-8 repiten los versos de la
canción original. La primera estrofa de la glosa reza:

> Esperança que perdi
> me faze fazer tal grida:
> *Donzella desconoçida,*
> *ya no cures mas de mi.*
> Dela ora en que te vi,
> la qual nunca se me oluida,
> *fueste de mi bien querida,*
> *yo desamado de ti.* (núm. 412, estr. 1).[43]

Forma especial también es la de las "[Lamentaciones] Fechas para la Semana Santa" (núm. 419). La primera estrofa tiene siete versos: AABCCBa; luego hay doce estrofas compuestas de dos redondillas cada una, como coplas castellanas (aunque la sexta es una copla de arte menor) y las estrofas dos a once repiten el refrán "Ay dolor" como una vuelta a la primera. Además, las palabras iniciales de María, "Ay dolor, dolor / por mi fijo y mi Señor" (vv. 1-2) son repetidas con leve variante por San Juan cuando éste empieza su lamento, entre las estrofas 5 y 6: "Ay dolor, dolor / por mi primo y mi Señor." Las redondillas en ambas partes de las coplas pueden ser de rimas cruzadas: ABAB o abrazadas: ABBA, como en las palabras de San Juan:

> Lloremos al compañero
> traidor por que le vendio;
> lloremos aquel cordero
> que sin culpa padescio.
> Luego me matara yo,
> cuytado, quando lo vi,
> sino confiara de mi
> la madre que confio! (núm. 419, estr. 8).

Gómez Manrique practicó muy poco la polimetría, pero la usó notablemente en las obras destinadas a cierto tipo de presentación dramática. Entre las composiciones puramente líricas sólo una presenta tal característica; es la "Carta de amores" (núm. 315) que ofrece seis coplas mixtas con una canción trovadoresca como finida. El poeta mezcló unas redondillas y quintillas entre las coplas castellanas de "Para los dias dela semana, de amores" (núm. 364), pero en esta obra la mezcla se debe al uso de estrofas tomadas de otras composiciones. Hay polimetría en los "Momos" que el poeta compuso para que la Princesa Isabel y sus damas los presentaran al Príncipe, su hermano. El "fado" que recitó Mencía de la Torre (1a estrofa) es una copla mixta, tipo 4-5; el para Elvira de Castro (2a estrofa) es una copla castellana; las estrofas 3 y 4 son coplas mixtas, tipo 4-5 y 5-4; y las 5 y 6 son otra vez coplas castellanas. La última estrofa, que fue recitada por Isabel misma, es una copla real. La polimetría se da especialmente en la "Representación del Nacimiento de Nuestro Señor" (núm. 372), en la que hay distintas formas en diferentes momentos o escenas. Los primeros personajes que hablan, San José, la Virgen y el Angel, usan coplas castellanas. A los tres pastores se les asignan tercetos octosílabos, aunque cuando hablan en coro el esquema es una redondilla, y la adoración de cada uno se presenta en una copla mixta, formada por una redondilla más un terceto: ABBA-CDC. Los Angeles, en coro, usan un terceto: ABA, pero cada uno recita una copla castellana, que también es la forma en que hablan en coro "los martirios que presentan al niño el caliz," aunque cada uno de estos símbolos de la Pasión se le dirige con una redondilla. La "Cancion para callar al niño" que termina la obrita es un zéjel hexasílabo en el que la rúbrica "Callad, fijo mio chiquito" habrá servido de estribillo. Las cinco estrofas presentan la mudanza de tres versos monorrimos y verso de vuelta al estribillo.[44]

Gómez Manrique es un poeta muy cuidadoso de la regularidad silábica, sobre todo en la medida del octosílabo.[45] Practica algo la sinalefa:

> quexarme e de mi e de vos (pág. 13a)
> que todo entero os leuays (pág. 15a)
> que la Libra ynabitable (pág. 73a).

Hay también unos casos del hiato, sobre todo cuando lleva tónica la segunda vocal del grupo:

> A / estos que dan los gajes (pág. 19a)
> de / hombres desenseñados (pág. 18a)
> de / otro mayor estado (pág. 43b)
> como / era de metal (pág. 98a)
> yo / ando por ençelaros (pág. 152b).

Más raro es el hiato con la tónica en el primer miembro:

> pues yré / al Hazedor (pág. 18a)
> que vos dé / aquel infante (pág. 109a).

Empleó un número considerable de hiatos inacentuados:

> vuelto / en forma de toro (pág. 17b)
> Sy / el derecho divino (pág. 39b)
> quando / vn enbaxador (pág. 41b)
> Esta / es la que temía (pág. 81a)
> o si / es en cantidad (pág. 103a).

Ejemplo notable es:

> o / vna / honça de mora (pág. 125b).

Los hiatos entre las mismas vocales, sea con o sin un miembro tónico, son escasos pero los hay:

> mas no / osa començar (pág. 13b)
> rescibe / estas estrenas (pág. 15b)
> y / hizo la redençion (pág. 18a)
> quando su / vmanidat (pág. 92a).

Favorecida por el poeta es la diéresis; ciertas palabras que en la lengua moderna se pronuncian como diptongo aparecen casi siempre en sus versos con separación de las vocales si la regularidad silábica ha de mantenerse; por ejemplo:

> aquella hija biüda (pág. 20a).

El adjetivo "virtuoso" regularmente se trata como cuatro sílabas:

> prima de las virtüosas (pág. 28a)
> en las armas virtüoso (pág. 33b).

También tratados así son ciertos nombres y adjetivos basados en nombres propios:

> ni de la tesalïana (pág. 68b)
> lo que dixo Gabrïel (pág. 74a)
> nin la fija de Prïamo (pág. 75b)
> Cipïón el africano (pág. 78b)
> e la lengua tulïana (pág. 83a)
> Poeta no mantüano (pág. 107b)
> de ti, fija de Sïón (pág. 148a), *etc.*

Formas verbales reciben semejante tratamiento:

> en el mundo vos crïó (pág. 42a)
> las noches estudïaua (pág. 82a)

la madre que confió (pág. 151a).

He encontrado sólo un caso en que la vocal tónica precede a la átona:

ni dexeÿs cavalleros (pág. 117a).

(Hay que hacer la diéresis entre é-i.) Puede haber diéresis en una palabra muy común:

sïempre sera jamas (pág. 11b).

En cambio, la sinéresis es rara en la poesía de Gómez Manrique; sólo hay doce versos en toda su producción que la revelan. Ocurre en palabras más bien cultas:

momentaneas y modernas (pág. 19b)
de cuya genealogia (pág. 49a; hay otros dos casos)
ni creo de theologia (pág. 75a).

Casos de sinéresis en verbos son:

si quereys que sean oidos (pág. 117a)
amandole, si deseays (pág. 121b)
Recordaos, mi grand señora (pág. 124b)

y con pronombres:

acordarseos ha de mi (pág. 124b).

Manrique se atiene estrictamente a las reglas del pie quebrado. La medida del quebrado que corresponde al octosílabo es, claro, la de cuatro sílabas, que es la que emplea el poeta la mayoría de las veces. Pero estaba permitido el uso del pentasílabo como forma alternativa en ciertas situaciones determinadas por el octosílabo que precedía al quebrado.[46] Podía haber el quebrado de cinco sílabas si el octosílabo tenía terminación aguda. Esta es la situación más común en Manrique:

la que nin me faze bien,
    nin comunal (pág. 12b)
. . . .
no considerando, no
    en mis defectos (pág. 86b)
. . . .

> mas venid al caualgar
> por los costados (pág. 95b)
> ....
> pues que yo soy muy mejor
> componedor (pág. 130a).

La otra condición para que haya un quebrado de cinco sílabas es la posibilidad de practicar sinalefa entre la vocal final del octosílabo y la inicial del quebrado. Este tipo es bastante menos frecuente:

> e por esto he dexado
> e dexaré (pág. 7b)
> ....
> faga vos Dios tan gozoso
> y plazentero (pág. 50a)
> ....
> en tener mas alegria
> o menos pena (pág. 127b).

El pie quebrado más extraño de Gómez Manrique es el segundo verso del poema número 314, donde es evidente que tiene que leerse como agudo, para rimar con el verso 5:

> Tyenpo mucho mal gastado
> es el que
> se gasta syn fazer nada;
> por ende, mi muy amado,
> ordené
> esta copla mal fundada.....

En los poemas de arte mayor de Manrique se encuentran los mismos accidentes del verso que en las composiciones octosílabas. No practica mucho la sinalefa:

> e quatro dezenas-poniendo en la cuenta (pág. 28b)
> en amor sin duda-mas madre que hermana (pág. 58a).

Unos casos tienen que considerarse hiatos:

> abueltas tocando-de / otros que vi (pág. 58b)
> me dize que ponga-a / el por testigo (pág. 62b).

La sinéresis es rarísima. He encontrado sólo un ejemplo, en la "Defunzion de... Garci Lasso dela Vega:"

> e con mas razon-deuria con mis braços (pág. 31b).

La diéresis es más frecuente, y se encuentra muchas veces en las mismas palabras que hemos visto en los octosílabos:

> faziendo en sy mesma-crüeles fatigas (pág. 31b)
> a quien fizo Dios-tanto virtüosa (pág. 164a).

El metro del arte mayor generalmente consta de doce sílabas divididas en hemistiquios de 6-6, pero admite también hemistiquios de cinco sílabas, sobre todo en la primera parte del verso. Así que un verso como "aquel Cipion-que Roma vencida" podría considerarse un ejemplo de primer hemistiquio de 5 sílabas o, con diéresis en "Cipïón," de 6 sílabas. Descontando todos los casos en que el hiato o la diéresis podrían dar un hemistiquio de 6 sílabas, resulta que de los 292 versos de la "Defunzion," unos 32 son indudablemente de 5 sílabas. Unos ejemplos típicos son:

> dando sospiros-e grandes gemidos (pág. 28b)
> este jamas-perdio su reposo (pág. 29a)
> antes que otro-en los enemigos (pág. 29a)
> *Dominus dedit*-y el lo tiro (pág. 32a).

De los 248 versos de la "Consolacion" a su hermana (núm. 375), 25 tienen un primer hemistiquio de 5 sílabas:

> esta Fortuna-de quien vos quexays (pág. 59b)
> es el Maestre-e gran Condestable (pág. 63b)
> pero por ser-grosera mi pluma (pág. 64a)
> con onestat,-mas si las perdieren (pág. 65a), *etc.*

Es decir, en los dos poemas aproximadamente un 11% de los versos son de once sílabas. De los 68 versos del número 343, "Suplicando al Marques de Santillana...," sólo 4 tienen un hemistiquio de 5 sílabas (el 6%):

> no por que dellas-me falte que diga (pág. 25b)
> delos modernos-vos ser mas famoso (pág. 25b)
> en que yo tengo-tan poca de parte (pág. 26a)

vos escreuis-en prosa mejor (pág. 26a).

Hay que notar que el poeta nunca usa un hemistiquio de 5 sílabas en la segunda parte del verso. Si se ha insistido tanto en el aspecto técnico de la métrica de Gómez Manrique, ha sido para mostrar que, a pesar de limitarse a dos metros, y especialmente al octosílabo, se esforzó en probar varias posibilidades de estrofas y combinaciones de rimas al mismo tiempo que cuidó mucho de la regularidad de los versos. Por otra parte, no considera que cierta estrofa o forma sea apropiada esclusivamente para un solo tipo de tono o tema. Utilizó la canción trovadoresca casi siempre para temas amorosos (los números 321 a 334, por ejemplo), pero también compuso en esta forma dos canciones "a lo divino." La copla castellana es una forma que le sirvió para "preguntas" sobre varios temas que dirigió a sus amigos, para expresiones de amor, para los "momos" al nacimiento de un sobrino, para composiciones de tono cómico (como el poema sobre una muleta de su hermano) y también para la protesta contra la situación caótica de la nación que es la "Esclamacion e querella dela gouernacion." En diferentes combinaciones de coplas mixtas escribió poemas amatorios (incluso la "Batalla de amores" alegórica), versos de carácter ocasional, estrenas, loores, *etc.*, preguntas a amigos, una composición cómico-satírica a Juan Poeta y el muy serio y sincero "Regimiento de príncipes" que dirigió a Fernando e Isabel. Igualmente variadas son las obras en coplas reales; las hay amorosas, de felicitación, satíricas contra Juan Poeta, religiosa, consolatoria a su mujer y el elegíaco "Planto delas virtudes." Las coplas de pie quebrado sirven para todo; hay una variedad de "preguntas," estrenas o galanterías a las damas, piececitas cómicas o satíricas, una composición religiosa ("Los cuchillos del dolor de Nuestra Señora"), además de consejos político-morales (el núm. 354, dirigido a los Reyes de Castilla y de Aragón, y las bastante largas "Coplas para...Diego Arias de Avila"). Los poetas del siglo XV establecieron la copla de arte mayor como vehículo de la poesía grave, y así la usó

Gómez Manrique en el poema consolatorio a su hermana (núm. 375) y en la "Defunzion" (núm. 346), pero también se valió de esta forma para pedirle a Santillana el cancionero de sus obras. Ya hemos dicho que el poeta combinó diferentes estrofas en las obras destinadas a la representación dramática; incluyen éstas coplas castellanas, coplas mixtas, tercetos, redondillas y zéjel. En fin, parece evidente que el mismo tipo de verso octosílabo, sea copla castellana, copla mixta, copla real o de pie quebrado, podía servirle igualmente bien para casi todos sus temas, amatorios, galantes y satírico-cómicos lo mismo que los más serios de consolaciones, elegías o consejos político-morales.

Lengua y estilo

Si es verdad que Gómez Manrique utilizó—dentro de las posibilidades de su época—una gran diversidad de estrofas y combinaciones de rimas en sus composiciones, es igualmente cierto que supo manejar diestramente un amplio y variado vocabulario. Generalmente sus versos no ofrecen muchos problemas de comprensión para el lector moderno medianamente instruído; cuando ocurren dificultades son debidas a las referencias y alusiones clásicas que gustaba usar el poeta o a las construcciones algo enrevesadas con las que quiso "elevar" el estilo, más que a su elección de vocablos. Se encuentran, claro está, algunas palabras o formas medievales. Hay cierto número de cultismos, pero Gómez Manrique apenas se sirve de neologismos exagerados. Lo que sí se nota es una riqueza léxica; el noble poeta se interesa por muchos aspectos de la vida y toma vocabulario de la guerra, la caza, la religión, el refranero popular y la cultura libresca. Su lengua es esencialmente castiza, aunque sabe echar mano de palabras extranjeras cuando le conviene. Consideremos algunos aspectos especiales de su léxico.

Estranjerismos

En el léxico de Gómez Manrique se ven unas influencias

interesantes de otras lenguas. Emplea, por su rima, un grupo de vocablos de evidente origen francés, en la "Consolatoria," estrofa 18: "A estos que dan los gajes, / tienen mil sieruos y sieruas, / a estos en sus potajes / dan ponçoñosas breuajes" (pág. 19a). Son las palabras "gages," "potages" y "breuvages." Otro galicismo es "...gente / avillada cierta mente / lo mejor que nunca vi" (núm. 375, pág. 45b), con "avillada" < francés "habiller." La expresión "tan de rendon" (pág. 72a) se deriva del francés "randon." Otros casos, en el "Planto," se dan en "Non sus palacios cercados / falle de tapeceria / nin de doseres brocados," con las palabras basadas en las francesas "tapis" y "dossier." También vemos "en sendas tarjas" (fr. "targe").47

Entre las palabras de origen árabe que se hallan en su poesía, es muy apropiada "albórbolas," que significa, según el Diccionario de la Academia, "vocería o algazara, y especialmente aquella con que se demuestra alegría." La emplea el poeta precisamente para denotar la alegría que había en el campamento moro por la muerte de Garcilaso de la Vega: "...los moros quedaron / tañiendo añafiles, / alborbolas dando" (pág. 29b). También oportuno es el uso de "harón" ("perezoso") < árabe *harán*, al hacer decir a un rocín que "en la caça envejeci / con la grande synrazon; / ella me fizo haron," ya que esta bestia insiste en que no es una montura importada de Fez, sino nacida en Castilla (núm. 384, pág. 97a).

También aparecen unos cuantos catalanismos; en "assi que anbas a dos, / gentileza e fuerte cos" (núm. 348, pág. 33b), "cos" ("cuerpo") se usa por la rima con "dos."48 Otro préstamo del catalán es "estol" ("escuadra"), en "esos tesoros de Mida, / de que mi estol caresce" (pág. 41b), como lo es "cadira" (por "silla") en "que... / dispongas al dios de amor / dela cadira de amores" (pág. 102a). "Cadira" se usa también en la continuación que Gómez Manrique hizo al "Debate" de Juan de Mena (*Cancionero*, I, 325). Palabra que ya había usado Santillana es el catalanismo "rocegar" ("arrastrar"): "Vn manto que roçegaua / azul e blanco traya," que es parte de la descripción de la Poesía, en el "Planto" (pág. 79a). Del italiano son "caborales" ("capitales"): "Tenian las principales / tres, que se mostrauan bien / entre todas caborales" (pág. 73b) y el sustituto por "nada" en el dicho "Cesar o niente" (pág. 123b).

Como ya dijimos antes, en una ocasión Gómez Manrique escribió un poema en portugués, con el deseo de mostrarse cortés con el poeta lusitano don Alvaro [Brito], quien le había escrito uno en su propio idioma. Tal como se dan, tanto la "Pregunta" de don Alvaro como la "Respuesta" de Manrique parecen ser una mezcla de formas portuguesas y castellanas así que es difícil saber hasta qué punto nuestro poeta dominaba la lengua vecina. Pero por lo menos sabía algo de ella, como se puede ver por la primera estrofa de su respuesta:

> Traballos con disfauor
> do señor rey don Enrrique,
> a vos, gentil trobador,
> me faran que non reprique
> ynda ben como querrey;
> mays maguer yo me desgabe,
> nunca vous eu negarey
> eso que meu saber sabe,
> posto se me faça grabe. (pág. 93a).

Un lusitanismo curioso, en un poema puramente castellano, es el que se da en la "Lamentacion" amorosa: "E maldigo el triste dia / terça feyra que se llama" (pág. 48a), donde "terça feyra" sustituye por "martes."[49]

Cultismos

Como es de esperar, la mayor parte de las palabras más cultas de Gómez Manrique se hallan en sus composiciones serias, pero no están limitadas a ellas, ya que se encuentran en obras de carácter social, como las "estrenas," en algunas de las "preguntas" y "respuestas" e incluso en versos amorosos. En su petición al Marqués de Santillana encontramos, entre otros cultismos, "manante," "perpetua," "importuno" y "notario." El "Planto de las virtudes," compuesto en honor del mismo noble, ofrece estos ejemplos: "verbosa" (del L. *verbosus*, en el sentido de "abundante"), "refrigerio," "tenebregoso," "febales" (i.e. "de Febo"), "cantores," "tercia" (de *tertius* "tercero"), "progenies," "defensada" (de *defensare*), "nequicia" (i.e. "iniquidad"), "perentoria," "atonito," "comentador" y los latinismos "ultra de" ("más allá de") y "estra medida." De la "Consolatoria" son "subsidio," "diurno" y "momentaneo." Algunas formas cultas del poema dedicado a Diego Arias son "prolixa," "negociaciones," "transitoria," "consistorio," "rectos" (en el sentido de "justos"), "mal instruto" (del L. *instructus*). Se da el latinismo "amicicia" ("amistad") en los "Momos" para el Príncipe Alfonso, y del "Regimiento de príncipes" tenemos "adversarios," "culmenes," "plebeos," "saluagina," "ponderosas," "remisos," "abstinencia" y otros. En varios de los poemas más cortos, de tema amoroso o carácter social, encontramos vocablos como "dárdano" (i.e. "troyano"), "sagitario," "ynterpretador," "mirable" (del L. *mirabilis*), "maleficio," "en superlativo grado," "liberto" (i.e. "puesto en libertad"), "plenario" y "esquisitas." Incluso en un poema jocoso a Juan Poeta (núm. 394), emplea un latinismo, "origo" ("origen"), por la rima con "castigo." No usa mucho el superlativo en *-ísimo*, que iba a naturalizarse en el siglo XVI, pero hay algunos ejemplos: "castisima mente," "grandisimos" y "excelentisimos."

A veces, sobre todo en la poesía de tema religioso, introduce frases puramente latinas, aunque generalmente son de las muy conocidas. Así es que llama a la Virgen "Mater Criste" y "Virgo semper yntata," dice que ella fue "criada pulchra y decora" y habla de la "superna morada." Invoca a Jesús como el "Johannis primo." Un par de veces emplea la expresión "gracia gratis data" y también las curiosas tautologías "desde ab eterno" y "desde abenicio."[50]

Otra manifestación culta es la preferencia que Gómez Manrique demuestra por los adjetivos y sustantivos que terminan en *-al*. Algunos de éstos son vocablos aceptados en la lengua actual, como "filial," "terrenal," "oficial," "eternal,"

"parcial" y "mundanal." Otros se encuentran en el Diccionario
académico, pero son considerados formas poéticas o antiguas,
como "luciferal," "no(c)turnal," "divinal" y el ya mencionado
italianismo "caboral." "Humanal" se emplea como sustantivo y
adjetivo y "terrenal" se usa como sustantivo femenino. Formas
que no se han aceptado en la lengua son "poetal" y "febal" (i.e.
"febeo"). Gómez Manrique usa "caronal" por "carnal" (como
en "parentesco" o "deudo caronal"). Aún más que a estas
formas, el poeta tiene afición al participio de presente, siguiendo
en esto al propio Santillana.[51] Como adjetivos usa "manante,"
"valiente," "mereciente," "obediente," "desplaziente,"
"sosteniente" ("que sostiene"), "reluciente," "viniente"
("venidero"), "quemante," "teniente," "poseyente,"
"militante," "mendigante," "semblante" ("semejante"),
"pareciente," "discordante" y "privantes" ("que privan").
"Potente," "caresciente," "biuiente" aparecen como adjetivos
y sustantivos; "descendiente," "conociente," "librante" ("el
que libra"), "remante" ("remero"), "habitante,"
"querellante," "caminante," "regiente," "obtinente" ("el que
obtiene") y "quexante" son sustantivos. Unos usos interesantes
de estas formas son:

> assi que deue temer
> el potente,
> pero mas el caresciente
> de poder. (núm. 354, pág. 38a-b).

> Que luenga memoria se pueda cobrar
> por los obtinentes profundo saber. (núm. 353, pág. 37b).

Empleo del participio como gerundio se ve en

> O Maria........
> ....
> librame de mal obrar,
> por que tu interçedente
> no perezca,... (núm. 378, pág. 92b),

donde el sentido tiene que ser: "para que, intercediendo tú, no
perezca (yo).[52]

Construcciones latinas

Como sus predecesores y mentores, Mena y Santillana, Gómez Manrique hace un esfuerzo deliberado para elevar su estilo, imitando ciertas construcciones latinas. Usa con bastante frecuencia el infinitivo dependiente de otro verbo a la manera latina. A veces, el infinitivo depende de un verbo de percepción sensorial, como en: "e vera ser conoçido / error a quien ha seruido" (pág. 11b); "el santo varon quando fue tentado, / veyendo ser pobre de rico tornado" (pág. 32a); o "mis oydos an oydo / en Bellen ser esta noche / nuestro saluador naçido" (pág. 54b). También puede usarse el infinitivo con un verbo de actividad mental: "algunas creo fermosas / auer en estremidad" (pág. 32b); "Desto buen enxiemplo creo / ser la lid / enla qual vencio Dauid / al filisteo" (pág. 38a); "pues sabeys lagoteria / ser contra dela verdad" (pág. 49a); "enlas naçidas yo dudo / fallar se tal criatura" (pág. 49a); "vos ynorays / ser estos bienes que son temporales" (pág. 64b); o "porque solo en recordarme / ser vos la causa..." (pág. 125a). El infinitivo con sujeto también depende directamente de otro verbo: "o quantas muertes rauiosas / he leido padescer / a muchos que las ganaron" (pág. 19a); "muchas leý padecer / muerte que gloria posean" (pág. 22b); "...pues notorio es / delos modernos vos ser mas famoso" (pág. 25b); "que la costumbre, tambien la razon, / fazen en poco tener los discretos / los males e bienes" (pág. 32a); "...concluyo / non le ser ningun mundano / ygual enel poderio" (pág. 114b).

Aún más que por la construcción que acabamos de ver el poeta quiere realzar el estilo por medio del hipérbaton. Hay, claro está, muchas inversiones generalmente admitidas en la poesía, como "de las mas bellas la flor" (pág. 48b) o "la paja guardan los tochos" (pág. 50b). Comunes son las frases en las que viene primero el grupo preposicional, como "la del tiempo mutacion" (pág. 69b), "como sana verdriera / finca del sol traspasada" (pág. 147b), "como syn madre donzella" (pág. 76a) o "Este fue, verdad vos digo, / delos miseros abrigo, / delos fanbrientos fartura" (pág. 76a). Favorecida por el poeta, y muy

de su época, es la técnica de colocar el verbo al fin de la cláusula
a la manera latina: "me fizo que desamando / a mi mesmo, vos
quisiesse / tanto, que siempre penando / por vuestra causa
biuiesse" (pág. 6a); "asi los llorantes e los que reyan / con bozes
discordes el canpo atronauan" (pág. 28b); "Fortuna, que mis
males fasta agora / procuró..." (pág. 42a); "e permitieron / mis
grandisimos pecados / que sobre mi flaco lomo / caualgases"
(pág. 96b); o "Gran señor, los que creyeron / estos consejeros
tales, / de sus culmenes reales / enlo mas fondo cayeron" (pág.
113b).[53] A veces el poeta separa los elementos de la voz pasiva o
los de un verbo compuesto: "somos en este conuento / dolorido
separadas" (pág. 74b); "quando ser temio forçada" (pág. 78a);
"...pues auia ya tantas pasado" (i.e. "había pasado") (pág.
30a); "nunca fue tanto conplida / vista jamas fermosura" (i.e.
"nunca fue vista jamás tan cumplida hermosura") (pág. 49b);
"enlo qual e dos yerros cometido" ("he cometido dos yerros")
(pág. 58b).

Los hipérbatos más extremados, o anástrofes, son los casos
de separación de sustantivo y adjetivo, generalmente por el
verbo: "la rueda quan presto gira / mundanal" (pág. 87a);
"pues el blanco comen pan" (pág. 90b); "con el sesto te llagaron
/ cuchillo sin piedat" (pág. 92a); "de tantas seyendo angustias
cercada" (pág. 58b); "contra estos batallar / vicios de
naturaleza" (pág. 118a); y "eterno compro jardin" (*Cancionero*,
I, 300). También pueden ser separados otros elementos que
lógicamente deben ir juntos: "mi cara fazer e pechos pedaços"
(pág. 31b); "tantos imperios, provincias, regiones / fallo sin
duda e grandes varones" (pág. 63a) ofrecen casos de dos
sustantivos separados por el verbo. Adverbio y adjetivo se
separan en "Mucho sera peligrosa" (pág. 52a) o "lo mas que
pudiesse cedo" (pág. 71a). La separación se produce con otras
partes de la oración, además del verbo, como en: "por ser preso
tu señor / e vendido" (i.e. "preso y vendido") (pág. 92a); "as
por nos de recebir" ("has de recibir") (pág. 55a); "por vn sieruo
muerto del rey Tolomeo" (i.e. "muerto por un siervo del rey
Tolomeo") (pág. 60b); o "a vos consolar en vuestras agora /

estremas pasiones" (pág. 58a), en que el adverbio "agora" parece del todo desplazado. Finalmente, encontramos algunos casos de los que podríamos llamar hipérbatos compuestos, como

> A mi dexadme llorar
> ....
> e beuir en esta sierra
> e desabitada tierra
> de malos ombres e buenos... ("Planto," pág. 83b),

cuyo sentido es: "Dejadme llorar...y vivir en esta sierra y tierra desprovista de hombres, tanto malos como buenos."
     Otro ejemplo de anástrofe es

> Con esta, descabeçadas,
> del linaje femenil
> fueron, señor, honze mill
> donzellas muy delicadas... ("Regimiento," pág. 118b).

Es decir, "con ésta [la fortaleza], señor, once mil doncellas del linaje femenil fueron descabezadas," (Así se ve claramente lo tautológico de "donzellas...del linaje femenil.")
     Como con tantos otros aspectos de su poesía, no se puede decir que los hipérbatos distingan cierto tipo de verso ni de tema, ya que se hallan tanto en los poemas ligeros—amatorios, amistosos y jocosos—como en los serios—consolatorios, didácticos o elegíacos—y se emplean igualmente en los versos cortos y largos.

Figuras de dicción

     Una figura común en toda la poesía de Gómez Manrique es la antítesis. El poeta emplea, claro, opuestos ordinarios como "bien(es)-mal(es)," "amigo-enemigo" y "vicios-virtudes." Toda la "Esclamacion e querella dela gouernaçion" (núm. 369) es una serie de antítesis, entre "entonces" y "ahora" y, sobre todo, entre lo correcto y lo erróneo. Los opuestos aparecen en diferentes formas; se hacen con verbos, como: "Pues todos los que nombre / e los que calla mi lengua" (pág. 77a); con sustantivos: "que vos queriendo mi muerte / tiemblo sobre

vuestra vida" (pág. 125b); con sustantivos y verbos: "Amor me
manda dezir. / temor me faze callar" (pág. 13a); pueden constar
de adjetivos: "...demande / las mis armas defensiuas / dexando
las ofensiuas" (pág. 45a); y de sustantivos y adjetivos: "nin por
ruegos mugeriles / que con abtos varoniles / te conuiene
buscarlas" (continuación al "Debate" de Mena, *Cancionero*, I,
298). La descripción del valle en donde el poeta finge
encontrarse, en el "Planto delas virtudes" (núm. 376) ofrece
toda una serie de contrastes: "Non jazmines con sus flores /
auia, nin praderias; / .... / .... / Texos eran sus frutales / e sus
prados pedernales" y "No ninguno vi venado, / corços, nin
ligeros gamos, / .... / .... / mas aspides ponçoñosos / delos sirtes
arenosos / vsitauan las veredas" (pág. 70a).

Las antítesis son especialmente comunes en las
composiciones amorosas, de las cuales esta "Canción" (núm.
327) es típica:

> Esperança de venir
> alegre, si Dios quisiere,
> causa que no desespere
> con el dolor del partir.
> Que si me no recordase
> dela gozosa venida,
> no dudo que me acabase
> el pesar dela partida;
> mas el plazer que sentir
> atiendo quando boluiere,
> causa que no desespere
> con el dolor del partir. (pág. 13a).

El contraste se da a veces en forma de quiasmo: "que es reposo
delos buenos / e delos malos espanto" (pág. 101b) o "la tu pura
flaqueza femenil / fue convertida en veril fortaleza" (pág. 92b).
En estos casos vemos no sólo las antítesis "buenos-malos,"
"reposo-espanto" y "flaqueza-fortaleza," "femenil-veril," sino
también la inversión del orden de las palabras.

Otra técnica que se emplea con frecuencia es el
encabalgamiento cuyo efecto es dar fluidez y naturalidad a los
versos. Ocurre en poemas de pie quebrado: "Yo començaria de

grado, / pero he / temor de fazer errada" (pág. 7b) o "pues aquel / que te permitio nascer" (pág. 9b), pero es más común en otras formas poéticas: "E tocando las bastardas / tronpetas a pelear" (pág. 46b); "Porque la defensa es / vn afrenta necessaria" (pág. 119b); o "Hizieron tal ynprision / vuestras palabras en my / sosegado coraçon" (págs. 151b-52a). El encabalgamiento se da incluso entre una estrofa y otra, como en este ejemplo del "Planto:" "... / e de tal guisa turbaron / todos mis cinco sentidos // que ni pude preguntar / este finado quien era" (págs. 78b-79a). Semejante es este caso de la "Defunzion de...Garci Lasso dela Vega:" "pero la señora, su gesto sereno, / con vn coraçon mas fuerte que roca, // avnque temerosa, no mucho turbada, / le interrogaua diziendo: 'A que vienes?' (pág. 30a).

Gómez Manrique es un poeta muy dado al uso de la repetición. En cuanto a la aliteración, o repetición del mismo sonido, su empleo varía desde un par de palabras hasta estrofas enteras. Ejemplos del uso de dos palabras con el mismo sonido inicial son "los perros paganos" (pág. 29a), "su gesto lloroso / lleno de tristeza" (pág. 30a), "callo de cansada" (pág. 32a), "no siento saber" (pág. 42b), "mueren de malenconia" (pág. 43b), "los sayones muy sañudos" (pág. 55b), "como remante robusto" (pág. 77b), "no podemos presumir" (pág. 84b) y "una buena bofetada" (pág. 98a). Grupos de tres o más incluyen "que qual quiera que bien ama / a quien su bien desordena" (pág. 12a), "donde vuestro vulto vi" (pág. 128a), "los fauoridos priuados / destos principes potentes" (pág. 90a), "Agora quiero tornar / al demandar, / que del dar no digo nada" (pág. 130b). La aliteración se usa especialmente en los poemas de tema serio. Nótese, por ejemplo, el tono solemne que resulta de las emes, en la estrofa 11 de la "Defunzion de...Garci Lasso dela Vega:"

> Non menos turbado que Piramo fue
> en ver aquel manto sangriento ronpido,
> non menos, mas antes muy mas dolorido,
> de todos sentidos menguado quede
> en ver aquel muerto que yo tanto ame

que non mas a mi yo mesmo queria;
llorando su muerte, la vida plañia
de su triste madre que me recorde. (pág. 29b).

Caso semejante es el de esta estrofa del "Planto delas virtudes,"
en que también predomina el sonido de la eme:

La sesta non consiguiendo
el su nombre y apellido,
syn horden se condoliendo
mas que Cornelia sabiendo
la muerte de su marido,
atajo la fabla desta,
e mostrandose molesta,
contra sy mesma dezia:
"Muerte mejor me seria
que vida tan desonesta." (pág. 77b).

Aún más lograda es la aliteración en la composición
consolatoria que Gómez Manrique dirigió a su hermana; aquí el
deliberado uso de pares de palabras que empiezan con "m,"
"n," "f" y "p" presta variedad a la vez que contribuye a la
solemnidad da la estrofa:

Del mesmo madero es nuestro nauio
que fueron las fustas de nuestros pasados;
nin menos peligros le son aprestados
mientra nauegare por aqueste rio
mundano que es vn gran desuario,
pues todas sus pompas e prosperidades
non duran mas que el blanco roçio. (pág. 59b).

En los poemas amorosos se dan varios casos de
concatenación. En"Apartamiento" (núm. 319), el poeta emplea
una anadiplosis que corresponde a las *coblas capfinidas* o *coblas
capcaudadas* de la poesía provenzal,[54] enlazando las últimas
palabras de la primera estrofa con las iniciales de la segunda, y
las últimas de la segunda con las iniciales de la tercera, así: "sera
presto feneçida / con cuydado. // Con el cuydado que siento /
... / ... señora, que fizo Dios / tan singular. // Tan singular en
belleza..." (pág. 11a). En la "Cancion" núm. 324 se enlazan la

redondilla inicial y la mudanza: "pues los yo, triste, busque. // Busqe para mi tormento.... (pág. 12b) y se hace lo mismo en el núm. 331: "enla ora que vos vieron. // Vieron vos tanto fermosa" (pág. 14a).

Figura semejante es la geminación, la repetición de una palabra dentro de la estrofa, como: "con tal testigo sin dubda / por poco poco que sé" (pág. 17b); "alegres pascuas y buenas; / buenas con mucha salud" (pág. 41b); "deste en cuyo meson / todas, todas ayuntadas" (pág. 84b); o "del Dios que vos fizo ser, / ser en España nascido" (pág. 115a). En las "Trobas...a una dama" (núm. 406) combina la geminación con la anáfora: "a vos que puedo llamar / delas fermosas la prima; / prima par Dios syn ygual, / en este mundo nasçida / prima que por mi grand mal..." (pág. 125a). Desde luego, la repetición más común de una sola palabra es la del imperativo; en el "Planto," la Poesía, personificada, manda al autor: "pues toma, toma la pluma / y recuenta sus valores" (pág. 80b). Él, poco después, le dice a ella: "buscad, buscad otra mano" y repite: "Por ende catad, catad / otro..." (pág. 82b) y al fin, una de las Virtudes le amonesta a él: "Torna, torna do ueniste" *etc.* (pág. 84b). En tales casos, la repetición produce una sensación de apremio y urgencia. En las "Coplas" que escribió para Diego Arias (núm. 377) la repetición del imperativo produce el mismo efecto, pero también presta al poema cierto sabor popular, ya que suena como los mandamientos repetidos en los romances: "Notalo, notalo bien" (pág. 86b) y, especialmente, "mira, mira / la rueda quan presto gira" (pág. 87a).

Muy comunes en la poesía de Gómez Manrique son la epímone y la anáfora, figuras semejantes entre sí. La epímone es la repetición de la misma palabra, frase o verso, rítmicamente difusa por la estrofa, mientras que la anáfora es la repetición al comienzo de unos versos. La primera se ve en la repetición de la palabra "por" en "como caminantes por vna posada / non lo teniendo por propia morada, pues por dexarlo, ¿por que nos quexamos?" (pág. 32a) o en el uso repetido de "Maldigo" en el poema "Lamentación:" "E alli maldigo yo (estr. 3, v. 1); "e

maldigo mi temor" (estr. 3, v. 5); "maldigo mas al amor" (estr.
3, v.8); "E maldigo el triste dia" (estr.4, v.1); "Tan bien
maldigo, señora" (estr. 5, v. 1). La anáfora se halla en muchas
composiciones; en una de carácter religioso se lee: "O que duda
tan dudosa / fue la de santo Tome! Que duda tan peligrosa, /
que duda tan prouechosa" (pág. 56b). En un poema amoroso el
primer verso de cada estrofa empieza con "O vos" y estas dos
palabras se repiten en otros versos también: "O vos, la mas linda
dama" (estr. 1, v. 1); "O vos, mi sola señora" (estr. 1, v. 3); "O
vos, la tanto graciosa" (estr. 2, v. 1); "O vos, la tan singular"
(estr. 2, v. 3); "O vos, a quien mi saber" (estr. 2, v. 6); "O vos,
luz delas prudentes" (estr. 3, v. 1); "O vos, flor delas donçellas"
(estr. 4, v. 1); "O vos, fuente de belleça" (estr. 5, v. 1); "O vos,
por quien mi beuir" (estr. 6, v. 1); "o vos, por quien sin reposo"
(estr. 6, v. 3); y "O vos, la cuya bondad" (estr. 6, v. 6) (págs.
27b-28b). Otros muchos ejemplos podrían ser aducidos, pero
donde más se utiliza esta figura es en la "Defunzion de...Garci
Lasso dela Vega," que ofrece ocho series distintas de anáfora.
La primera es la de "alli," que se repite tres veces en la estrofa
tercera, y a ésta sigue "este" que aparece diez veces entre las
estrofas seis a diez (con la variante "aqueste" en un verso).
Vienen sucesivamente "non menos," dos veces en estr. 11; "asi
nos boluimos," cuatro veces en estr. 12 y "asi lo," dos veces en
estr. 13; "alli," cinco veces en 14 y 15 (con "allá" una vez);
"dimelo," dos veces en 18; y "aquel," nueve veces en estrofas 22
y 23. Es, francamente, un uso excesivo de la anáfora y ha
contribuido a que algunos críticos consideren que la
"Defunzion" es una composición demasiado artificial.

Otras figuras de dicción

La paronomasia, es decir, el empleo de palabras
aparentemente semejantes se usa a veces por la rima, como en
"de sedas y de brocados; / se dan amargos bocados" (pág. 19a);
"conbatidos delas frondas / donde no bastan las fondas" (pág.
40b); "delos varones indotos / e de secretos ynotos" (pág. 52b);

o "syendo vos tanto priuado / del primado" (pág. 129b). Pero hay otros casos paronomásticos que no dependen de tal situación: "todas quedando con mucho quebranto" (pág. 32a); "nin es nuestra vela de mas rezios velos" (pág. 59a); "asi junto con el día, / me junte con el fosado" (pág. 72b); y "e tan fuera de sentido / como si fuere [sic] ferido" (pág. 80b).

La polisemia, o uso de la misma palabra con diferentes significados, se encuentra generalmente en los poemas menos serios, por ejemplo en el juego que el escritor hace sobre los dos sentidos de "amo," sustantivo y verbo: "Señoras que mucho amo, / plega vos, pues soy esento / avnque no por pensamiento, / de me buscar algun amo" (pág. 12a) (cabe notar que aquí "amo" se refiere a una persona femenina). En los poemas jocosos hay varios casos de polisemia; en uno le dijo a Juan Poeta: "vos soys vn marrano hito, / y si doy cerca del hito..." (pág. 107a), donde "hito" quiere decir primero "firme" o "importuno" y en el segundo uso "el blanco." En otro, el poeta hace decir a una mula "porque suelo / tropeçar muchas vegadas/ en el suelo," jugando con verbo y sustantivo. Le habrá gustado este juego, ya que lo repitió en el serio "Regimiento de príncipes," donde se describe a sí mismo de esta manera: "mis rodillas por el suelo / ante vuestra Majestad, / mal trobando como suelo" (pág. 113b).

La función del pleonasmo, el uso de uno o más vocablos aparentemente innecesarios, es reforzar y encarecer. Tal es el efecto cuando la Virgen se dirige a su Hijo llamándole "Mi preçioso prez" ("Representacion," pág. 54a). En la "Defunzion de...Garci Laso dela Vega" la emoción queda intensificada al decir el poeta que "la discreta madre.../ .../ estaua turbada de gran turbacion" (pag. 31b) y en la misma obra la repetición del adverbio "nunca," con "jamas," destaca el valor del joven muerto, descrito como "aquel que nunca jamas / fue nunca vencido" (pág. 29a). El mismo adverbio repetido añade insistencia a su consejo al Rey Fernando de que mezcle la liberalidad y la gracia con una verdad "nunca por nunca quebrada" (pág. 119b).

El poliptoton, o empleo de términos afines, es otra figura común entre las que usó el poeta. Frecuentemente las combinaciones son también pleonasmos, como "santa sanctificada" (pág. 148a) o "con dolor muy doloroso" (pág. 28b). Muchas veces el poliptoton consta de diferentes tiempos o formas del mismo verbo, como en "e quiere que ser querida / no querays" (pág. 42a); "lo que sope leyendo / quiero saber preguntanto / a vos que sabeys durmiendo /... /... / o querria si supiesse" (pág. 104a); o "que si sope, ya no se / hazer nada ni sabre" (pág. 35b).[55] Se combinan verbos y sustantivos: "Como merecia su mereçimiento" (pág. 32a); "Para la fe defensar / dela qual soys defensor" (pág. 118a); "e do no son los seruiçios / remunerados, seruir" (pág. 51a); "muchas noches trasnochando" (*Cancionero*, I, 299). Hay poliptoton con dos sustantivos: "dispuesto sin duda a tomar consuelo / mas que para ser consolador" (pág. 31a); "puesta en catiuidad; / mas catiuerio de grado" (pág. 46a); "e no fagan los portales / tus porteros" (pág. 88b); "que toda contrariedad / se cura por su contrario" (pág. 147b). Y los hay con sustantivos y adjetivos: "pesante de mi plazer, / plaziente de mi cuydado" (pág. 125b) (nótese también la antítesis); "con muchas dubdas dubdoso" (pág. 18b); "de muy cruda muerte muerto" (pág. 151b). En el poema "Sentimiento de partida" (núm. 342), además de la anáfora "yo parto," hay toda una serie de juegos con "partida," "apartado," "se parte," "la mayor parte" y "me aparta" (págs. 24b-25a). Sin duda, el poliptoton más usado por Gómez Manrique es el que se basa en "turbar" y vocablos del mismo étimo, ya que aparece en cinco de sus composiciones, incluso en tres momentos distintos del "Planto delas virtudes:" "A desora me turbe / de tamaña turbacion" (pág. 69a); "ala ora mis sentidos / fueron del todo turbados, / que los tales alaridos / turbaran los no mouidos /... / E son estas turbaciones..." (pág. 71b); y "que en mi turbado sentido / turbacion acrecentaua" (pág. 73a). El propósito del poeta, desde luego, es acentuar resonantemente su estado de ánimo ante la tragedia de la muerte de su famoso tío.[56]

La perífrasis también se da en la poesía de Gómez Manrique, en algunos casos de modo bastante sencillo, como "el libro de nuestra ley" (pág. 113b) en vez de "la Biblia," "el poço luçiferal" (pág. 116b) por "el infierno" o el imperativo "ten atentos los oidos" (pág. 87a) por "escucha." La perífrasis más sostenida es la que ocurre a principios del "Planto" y ocupa cuatro estrofas:

> Quando mas publicamente
> muestra Dios su poderio;
> enel tiempo mas plaziente
> a toda cosa biuiente,
> brutal o con aluedrio;
> e quando la seca planta
> por la Prouidencia santa
> lança de si linda flor,
> y el triste ruyseñor
> a todas las oras canta;
>   e quando las otras aves
> a Dios loan sin cessar
> con sus cantos muy suaues;
> enel tiempo que las naues
> comiençan a nauegar,
> no desnudas de pauor,
> mas ya con menos temor
> dela natural tormenta,
> y quando nos escalienta
> el diuino resplandor;
>   enel tiempo que los frios
> de ser dexan naturales,
> e los caudalosos rios
> se tornan delos baldios
> alos sitios maternales;
> e quando todas las tierras
> se cubren delas deferras
> sostenientes la natura,
> e su blanca vestidura
> se descobijan las sierras;
>   viespera del santo dia
> en que la sacra enbaxada
> que del cielo decendia

ala Virgen fue Maria
por Gabriel reportada; (pág. 69a).

Todo ello (que se reduce a decir que era la primavera, la víspera
de la fiesta de la Asunción, o sea, el 24 de marzo) está expresado
con musicalidad en una de las pocas ocasiones en que Gómez
Manrique habla de la naturaleza. Además de las perífrasis de
"toda cosa biuiente, brutal o con aluedrio" por "animales y
hombres" y de "santo día en que la sacra enbaxada," *etc.* por
"la Anunciación," la descripción del tiempo, con la mención de
planta, ruiseñor, otras aves, los ríos y la blanca vestidura de las
sierras, presenta una escena encantadora.

Otro tipo de perífrasis es la apelativa, empleada a menudo
por el poeta. La usa para denominar a varias personas bíblicas;
Jonás es "el que tragó la vallena" (pág. 70b) y Saúl es el "rey
antecesor de Dauit" (pág. 113b). LLama a Jesús de diversos
modos: "el nieto de santa Ana" (pág. 68b), "Joannis primo"
(pág. 86a) y "aquel infante / fijo de Sancta Maria" (pág. 109a).
Se vale de muchos rodeos al hablar de figuras del mundo clásico.
Entre los personajes de la guerra troyana hay "el fuerte
troyano" (pág. 25b) o "el fijo de aquel rey troyano," es decir,
Hector; Helena es "la robada greçiana;" "la gentil martir
troyana" es Briseis y "la biuda troyana" es Andrómaca. Figuras
romanas son "aquel varon valiente / que enla torca se lanço," o
Marco Curcio, y "la forçada por Tarquino," perífrasis por
Lucrecia. De entre las personas mitológicas, se refiere a Deianira
como "la gentil rezien casada / quando ser temio forçada / por
el gran centauro Neso" (pág. 78a); a Europa, "hija de Agenor"
(pág. 17b); y "en Elicon,...las prudentes hermanas" (pág. 17b) y
"las hermanas discretas / que moran cabe la fuente" (pág. 68b)
son las musas.

Sin duda alguna, la figura predominante en los versos de
Gómez Manrique es la sinonimia; rara vez se contenta el poeta
con un solo vocablo cuando puede usar dos o más. Los ejemplos
son numerosos, como estos pares de sustantivos: "penas y
dolor," "angustias y dolores," "el dolor e cuydado," "manzilla
e dolor," "angustias y tormentos," "las penas y los tormentos,"

"tributos y pechos" y "sin camino y sin carrera." Tenemos
pares de adjetivos, como "gozoso y plazentero," "querido y
amado," "leda y contenta," "clara y notoria" y entre los pares
de verbos sinónimos hay "lloraban, plañían," "asi plañendo e
llorando" y "mandaua e regia." A veces se juntan tres vocablos
en sinonimia geminadora como "tal fortaleza, tal constancia, tal
firmeza," "si fuese bien mirada, / bien medida y contemplada,"
"en suspiros y gemidos / y tristes lamentaciones," "mis amargas
aficiones, / mis angustias, mis pasiones" o "deueys, señora,
buscar, / ynquerir e procurar / otra peñola mas diestra." Y aun
cuando no son precisamente sinónimos, le gusta al poeta enhilar
pares de vocablos uno tras otro, como éstos de la "Defunzion
de...Garci Lasso dela Vega:" "De los fuertes rayos e casos
turbados / los valles e llanos son sienpre seguros, / pero no,
señora, las torres e muros / que son enlas cuestas e altos
collados" (pág. 30b), o éstos de las "Coplas para...Diego
Arias:" "Que los bienes y fauores / que los tales sienpre han, no
los lieuan sin afan, / pues el blanco comen pan / con angustias y
dolores; / que priuança y señoria / no quisieron / ygualdad, nin
consintieron / compañia"(pág. 90b). Este afán de palabras le
lleva a unos extensos amontonamientos de vocablos, sobre todo
de sustantivos y adjetivos. En una de las composiciones
amorosas leemos: "Quando andauan gozosos / mis verdaderos
amigos; / tristes, amargos, cuydosos, / aflegidos, ynbidiosos /
de mi bien mis enemigos" (pág. 127a). Claro está que el poeta se
siente obligado a prodigar términos elogiosos al dirigirse al rey.
A Juan II le alaba con "Muy alto rey poderoso / de Castilla e de
Leon, / discreto, gentil, gracioso, / justiciero, piadoso,/ subjeto
dela razon..." (pág. 27a). Y sería bastantes años después cuando
le aconsejó a otro rey, Fernando el Católico, que escogiera
consejeros viejos y discretos, porque "Los que son en jouentud /
discretos, cuerdos, sentidos, / mas nectos y mas febridos / los
faze la senetud; /... / Mas fuyd de los vejazos / que moços
fueron viciosos, / couardes, necios, golosos, / amadores de
terrazos" (pág. 116b). El poeta hace otro tanto con sustantivos;
en el mismo "Regimiento de principes" hallamos "assi fazen las

viltades, / los vicios y las ruyndades, / las mentiras, los engaños" (pág. 117a). Ya antes, en 1458, en la "Defunzion" acumuló sustantivos así: "Pues que venis de grandes varones, / los quales pasaron con gestos yguales / triunfos, plazeres, angustias e males / e buenas andanças e tribulaciones" (pág. 30b). Al Arzobispo de Toledo le elogia con cuatro sustantivos con complemento preposicional: "Espejo delos perlados, / la flor delos caualleros, / pilar delos verdaderos, / capitan delos osados" (pág. 41a-b). Semejantemente, la dama de quien el poeta se declara enamorado es "luz delas prudentes, / prima delas virtuosas, / espejo delas fermosas" además de "flor delas donçellas/ gentiles e bien criadas, / de viudas e de casadas / e aun delas encerradas" (pág. 28a). La acumulación de formas verbales es menos frecuente, pero la hay: "no digo que las dexeis, señora, / por reposar, por vestir, nin por tocar" (pág. 120b) o "me desuio de vos ver / la mi contraria fortuna, / pero no de vos querer / y seruir y complazer" (pág. 125a).

En fin, el gran uso de paronomasia, polisemia, poliptoton, perífrasis, duplicación y acumulación de vocablos atestigua lo consciente que es Gómez Manrique de las usanzas retóricas y de las posibilidades rítmicas o sonoras de las diferentes combinaciones. Si abusa de estas técnicas, y es evidente que lo hace a veces, la impresión que se desprende del estudio de ellas es, sin embargo, que el poeta intenta valerse de todos los medios posibles para enriquecer su lírica.

Figuras afectivas

La invocación es una figura afectiva cuyo empleo Gómez Manrique limita a los largos poemas de tema serio. Como hemos dicho en otro lugar, el poeta siempre invoca al Dios cristiano, rechazando con intención las deidades o figuras mitológicas. En el poema de consolación que escribió para su esposa la serie de preguntas retóricas con que empieza la invocación subrayan el tema de dónde encontrar socorro: "Mas a quien ynvocare / para sobir esta cuesta?/ A quien me socorrere? / Que subsidio tomare

/ en jornada tan molesta?'' (pág. 17b) y, claro, decide apelar a Dios. Emplea el mismo método en el "Regimiento;" de príncipes;'' después de dirigirse al rey Fernando en 16 estrofas, se pregunta: "Pero quien socorrera / ala pluma temerosa? / Quien discreta, quien graciosa, / quien prudente la fara?'' (pág. 115a). Los "dioses infernales" no tienen poder alguno, dice, y por eso serán "los diuinales, / que son tres y solo vno" los que le ayudarán (pág. 115a). El poeta vuelve a invocar la Trinidad antes de dirigirse a la Reina Isabel, en la segunda, y más corta, parte del "Regimiento" (pág. 119b-120a). También hay dos invocaciones en el "Planto delas virtudes;" la primera, que ocupa la tercera estrofa, ofrece el consabido rechazo de figuras clásicas, con la petición de socorro a Jesús (pág. 68b). Después de decir el día y describir el valle en que se encuentra, intercala otra invocación en la estrofa 34. Ahora prefiere evitar las invocaciones eruditas: "Dexo las ynvocaciones / alos non sabios ynotas'' y apela "al mayor delos mayores," es decir, a Dios (pág. 72b). A diferencia de las otras composiciones, las "Coplas para...Diego Arias de Avila" tienen la invocación a Jesús, "Joannis primo," al comienzo mismo de la obra, en las tres primeras estrofas y sólo después de ella el poeta se dirige a Arias. Aquí la falta de preguntas retóricas ni mención de dioses paganos produce un impacto más fuerte y directo.

El apóstrofe es una figura poco usada por Gómez Manrique. Sólo lo emplea para dar principio al "Planto delas virtudes;" se dirige a sus propios sentimientos de dolor para que le inspiren:

> Mis sospiros, despertad
> esta mi pesada pluma,
> e prestalde facultad
> para que dela verdad
> diga siquiera la suma.
> E vos, mi rauia rauiosa,
> fazed mi lengua verbosa
> derramando sus temores,
> ca delos reprehensores
> la fallo muy temerosa. (pág. 68b).

En la misma obra, su personaje, la Poesía, habla a la nación, instándola a lamentar la muerte del Marqués: "O Castilla, llora, llora, / vna perdida tamaña; / e tu real alcandora, / pues es llegada la ora, / con las tus lagrimas baña" (pág. 79b). Cabe notar que en las "[Coplas] Fechas para la semana santa," tanto la Virgen como San Juan se dirigen a los oyentes, pidiendo que compartan su dolor. Dejando aparte todas las composiciones que dirigió a diferentes individuos, vemos que Gómez Manrique habla a los lectores él mismo solamente en una ocasión; en el "Planto," para hacer resaltar el temor que sentía al encontrarse en el fiero valle en donde la noche le alcanzó, apostrofa así: "O tu, descreto letor, / piensa con quanto pauor / ala sazon estaria / el syn ventura que via / autos de tanto dolor" (pág. 70a).

Como habría de esperarse en un escritor del siglo XV, influido por Mena y Santillana, Gómez Manrique emplea con frecuencia un tono exclamatorio. Este le sirve para expresar su vacilación, su temor al emprender el tema de la muerte de sus hijos: "O que materia tan dina / de encomendar al papel / dio la justicia divina..." (pág. 17a) y, en la misma obra, para mostrar a su mujer su devoción a ella: "O señora de mi vida, / y sin duda mas amada / y con mas razon querida!" (pág. 18b). En tales casos la exclamación parece un verdadero desahogo de su sufrimiento. En el poema dirigido al Marqués de Santillana, se vale del estilo exclamativo—"O fuente manante de sabiduria / por quien se ennoblescen los reynos de España" (pág. 25b)—para ponderar la excelsitud de su famoso pariente. De los diez versos de la "Troba hecha a santo Tome," los cinco primeros ofrecen tres exclamaciones anafóricas:

> O que duda tan dudosa
> fue la de santo Tome!
> Que duda tan peligrosa,
> que duda tan prouechosa
> para nuestra santa fe! (pág. 56b)

los cuales captan el asombro que siente el poeta ante el milagro de la Resurrección, milagro hecho patente por medio del escepticismo del santo. Finalmente, figura mucho la exclamación en los versos amatorios, donde el poeta, de acuerdo con la tradición, alaba la belleza, virtud y encantos de la dama admirada y exalta su propio sufrimiento. Leemos versos como: "O sy nacido no fuera" (pág. 126a), "O muy discreta donzella /... / por cuyos amores muero" (pág. 12a) o, en las "Suplicaciones" (núm. 345), la serie de versos que empiezan cada estrofa: "O vos, la mas linda dama," "O vos, la tanto graciosa" *etc.* con la petición final "poned fin a mal tamaño" (págs. 27b-28b). Ni siquiera las damas a quienes se dirigieron los poemas tomarían muy en serio estas declaraciones exageradas.

Muy notable en la poesía de Gómez Manrique es el tono hiperbólico. Claro está que el intercambio de versos era costumbre arraigada en el siglo XV y los poetas normalmente se trataron unos a otros con elogios desmedidos.[57] También era de rigor expresar un acatamiento adulador hacia los amigos y, especialmente, hacia las personas de rango más alto. Ya vimos antes el modo elogioso con que el sobrino se dirige al Marqués de Santillana, equiparándole con el autor de la *Divina Comedia*. Elogió de igual manera a otro poeta, Francisco de Noya, a quien llama "Maestre muy elegante, / dino de veneracion / mas que Virgilio nin Dante" (pág. 104a). Los poetas también exageran al elogiar los encantos de sus damas y Gómez Manrique no hace sino seguir esa costumbre. Pero donde verdaderamente parece desmedirse es en la descripción de los sentimientos de dolor, o los suyos o los de su personaje. Por ejemplo, según el poeta, al oír la noticia de la muerte de Garcilaso de la Vega, las damas de la casa maternal "con sus mesmas vñas sus fazes ronpian, / e de sus cabellos los suelos cobrian, / vertiendo sus ojos mas agua que fuentes" (pág. 31b).[58] En el "Planto" describe de manera semejante su propio dolor por la muerte de Santillana:

> Al punto que retorne
> asime delos cabellos,
> e los vnos arranque
> e los otros quebrante
> tanto que me cobri dellos. (pág. 81a).

También echa mano de comparaciones bíblicas para expresar el sentimiento. La despedida a la dama amada se describe hiperbólicamente: "el mi planto fue mayor / que el que fizo Geremias" (pág. 47a). Su anhelo por el amanecer, cuando se halla en el valle tenebroso, en el "Planto," es igual al de los que esperaban al Mesías:

> Creo que non desseauan
> los que en tiniebras estauan
> con mayor ansia la luz
> que les vino por la Cruz
> del Mexias que esperauan. (pág. 72a).

Si tales expresiones, y otras semejantes, son debidas a una actitud más bien culta, hay otros usos que revelan una influencia popular. Algunos reflejan la presencia de personas semitas en la sociedad de la época. Gómez Manrique se mofa de un pariente que perdió una suma considerable de dinero jugando con un judío. En la conversación que se finge en el poema, el hebreo jura "para el Dio" (pág. 98a). El poeta reproduce en el habla del judío la palabra empleada por los hebreos, quienes consideraban "Dios" una forma del plural, a causa de la -s final. En otras dos composiciones hay un uso curioso de "judío" como adejetivo. El poeta escribe en el "Planto:" "E como toro judio / busca por donde fuyr" (pág. 70b) y en el amoroso "Requerimiento" dice a la mujer: "Que sera de mi, sandyo, / a quien vos aveys tornado / de esforçado tan judio, / e de libre, catyuado" (pág. 94b). En ambos casos es evidente que emplea "judío" como equivalente de "cobarde" y como la palabra se usa en situaciones que nada tienen que ver con los hebreos, su empleo debe de reflejar un sentimiento popular.

Aunque Gómez Manrique es un poeta muy dado a referencias clásicas y menciones de figuras mitológicas, bíblicas e históricas, también emplea bastantes dichos y refranes de sabor popular. He aquí algunos que hemos notado:

1. Quan lueñe de ojos, / tan lexos de coraçon (núm. 341, pág. 24b)
2. no veo que days morçilla / salvo al que mata puerco (núm. 341, pág. 24b)

3. ...de vezinos / a vezinos / se suelen dar las farinas / sin molinos (núm. 341, pág. 24b)

4. quien burla los seruidores / y en veras con sus señores; / an de leuar lo peor (núm. 350, pág. 35a)

5. quando no quiere vno, / nunca barajan los dos (núm. 354, pág. 38a)

6. asy que nunca dire, / por muy turbia que la vea: / Desta agua no beuere (núm. 380, pág. 94a)

7. Fuerça es que poco apriete / quien apaña gran rabaño (núm. 355, pág. 39a)

8. en casa dela pastora / todos tocan caramillos (núm. 403, pág. 121a)

9. Quien el fuego mucho atiza / alas vezes lo mato (núm. 409, pág. 127b)

10. nunca moho la cubrio / ala piedra mouediza (núm. 409, pág. 127b)

11. ...de Dios, que dizen ayuda / a qualquiera que se muda (núm. 409, pág. 127b)

12. que fuestes enla tardança / agua en çesta (núm. 409, pág. 127b)

13. alla se fueron mis ojos / do tenia el coraçon (núm. 410, pág. 128a)

14. qualquier que mucho duerme / es cierto nunca medrar (*Cancionero* I, 313)

15. por ventura lançaras / la soga tras la herrada (*Cancionero* I, 317)

Como se puede ver, unos se usan sin cambio alguno en ellos, como "Quan lueñe de ojos...," mientras que otros ofrecen ligeras modificaciones para que se ajusten a los versos, como "nunca moho la cubrio...," variante de "piedra movediza nunca la cubre moho" (o "nunca moho la cobija"), o "por muy turbia que la vea...," cuya forma generalmente es "Nadie diga: De esta agua no beberé, por muy turbia que esté." La mayoría de los refranes se encuentran en poemas de tema más o menos ligero, en un "Quexo a Juan de Maçuela," en una respuesta a Diego de Saldaña, en otra a Juan Poeta, en "A unos galanes" y "A una dama que iba cubierta," pero los dos últimos están en la continuación que hizo Manrique al "Debate" de Juan de Mena. "Quando no quiere vno, nunca barajan los dos" se halla en "De Gómez Manrique, quando se trataua la paz entre los señores reyes de Castilla e de Aragon e se desabinieron." El refrán cuadra muy bien con el tenor del poema en que está encajado, ya

que éste es una instancia a los dos reyes a que mantengan la paz
entre sí para poder volver sus esfuerzos contra los moros.

Lenguaje figurado

Como poeta dotado de talento imaginativo, Gómez
Manrique maneja con éxito las figuras tropológicas,
personificación, símil, comparación y metáfora. En parte,
algunas de las suyas son figuras o usanzas ya establecidas e
incluso manoseadas en su época, pero también sabe darles a
veces un giro nuevo y personal. Ejemplo de prosopopeya es el
hacer las virtudes personajes de su composición en que ellas
("que yuan momos") pronostican buena fortuna a un sobrino
del poeta, o el hacer hablar a los martirios de la Pasión en la
"Representación del nacimiento." Concibe a la Fortuna como
"persona" casi siempre que habla de ella, aunque explica que
"esta que nos llamamos Fortuna / es la prouidencia del alta
tribuna" (núm. 375). Se destaca la personificación / en dos
obras, de tono distinto la una de la otra; la llamada "Batalla de
amores" es una sostenida metáfora del amor como guerra
campal, en que él mismo es el comandante y sus atributos son los
soldados o armas defensivas. Así, su pensamiento le sirve de
"atalaya" y en la lucha coloca su lealtad en la batalla primera, su
constante verdad a la derecha y su "temor e secreto" a la
izquierda. Sus "sentidos" quedan a la zaga. La "mesnada"
opuesta consiste en la hermosura y los encantos de la dama y,
naturalmente, el "tropel" de ella arrolla sus defensas y él queda
vencido (núm. 365). El otro caso de personificación se da en el
"Planto delas virtudes e poesía por el magnifico señor don Iñigo
Lopez de Mendoza." Aquéllas son presentadas como "siete
donzellas cuytadas, tres principales y cuatro descendientes," a
cada una de las cuales se le asigna un discurso de lamentación. La
Poesía, que se llama "viuda de tan notable marido" (*i.e.* el
Marqués), es quien insta al poeta a que cante las grandezas de su
tío. La personificación de las virtudes se remonta al "Decir de las
siete virtudes" de Francisco Imperial (aunque en el "Decir" ellas

no hablan) y el concepto del llanto de las virtudes lo debe haber tomado de la lamentación de las Musas en la "Defunsión de don Enrique de Villena" del propio Santillana. En el "Regimiento de príncipes" hay una prosopopeya que, aunque muy corta, impresiona más que los otros casos por lo sugestivo: "La razon es una dama / que grandes honores ama / y corre tras la virtud" (pág. 121b). Podría parecer una contradicción decir que "grandes honores ama" y que "corre tras la virtud," pero el sentido es que la razón debe ser honrada y que lleva a uno a la virtud.

La antonomasia es un recurso que utiliza nuestro poeta especialmente en las composiciones en que elogia a alguna persona. Ya notamos antes que a su hermano le llamó un Héctor, un Aquiles, *etc.* y que le comparó con el Cid. Una mujer a quien alaba es "enla beldad otra Dido, / Judic enla fortaleza, / Penelope enla firmeza" (núm. 407). Comparaciones con figuras de la antigüedad son comunes. Santillana es como "el fuerte troyano" (núm. 343) y tiene los atributos de Bruto, Frondinodio y "el buen Lento senador." El joven Garcilaso, muerto por los moros, fue tan valeroso "que non lo fue mas el fijo mayor / de aquel rey troyano nin su matador, / por mucho que Omero lo pinte famoso" (núm. 346). A la Reina Juana no la superaron en hermosura "la gentil martir troyana, / nin la robada greçiana; / pues la forçada romana / no tanto fue virtuosa" (núm. 367). En el "Planto," el dolor se expresa con comparaciones; el lamento de las Virtudes juntas es "mas dolorido que las troyanas fizieron" y cada una es comparada con algún personaje antiguo. La Esperanza tiene el gesto "mas dolorido / que la biuda troyana" y está "mas tribulada que la muger desdichada, / nin la fija de Piramo." La Caridad se compara con "la reyna griega robada;" la Prudencia, con Filomena; la Justicia, con "la forçada por Tarquino;" la Templanza, con Cornelia y con los troyanos sin Héctor; la Fortaleza, con Deianira. Sólo la Fe, que es la primera que expresa su dolor, no sufre comparación con un ente clásico, comparación que resultaría más bien chocante. La Poesía sufre "non menos que Virginea" y el poeta compara su propio dolor al de Edipo. La aflicción colectiva de Castilla sólo puede equipararse con la de Troya por la muerte de Héctor o la de Roma por el asesinato de Julio César. En el "Regimiento," el poeta también ejemplifica sus amonestaciones y consejos con nombres del pasado, desde Roboán, Catón y Escipión hasta el Rey don Rodrigo y don Pedro el Cruel.

Para hablar del amor y de sus efectos Gómez Manrique recurre a metáforas y símiles consagrados por el tiempo pero los elabora con facilidad. El amor es un fuego en que el enamorado arde (núm. 311); trae tormento y dolor (núm. 324); es una cadena (núm. 342) o una prisión (núm. 352); hiere y "Do la flecha de amor toca / tarde suele guarescer" (núm. 399); y, claro, es una guerra, en la "Batalla de amores." Como hemos dicho antes, la composición núm. 411 da toda una serie de metáforas indicativas del poder que ejerce la amada; es ella la "llave de mis cadenas, / calnado de mis esposas, / carcel de libertad, / verdugo de mis tormentos, / puerto do mis pensamientos / no fallen seguridad." Pero él sería un "echapiedras" si no temiera perder una "joya de tal valia."

Más frescas e interesantes me parecen las figuras que usa al hablar de la tarea de poetizar y que nos revelan algo de su concepto de la poesía. Gómez Manrique no fue un teorizante de la literatura ni jamás explicó el proceso que siguió para escribir una composición. De sus declaraciones en varias obras colegimos que el componer versos era para él un tipo de recreo y descanso de sus obligaciones de guerrero y administrador. Pero sólo podía dedicarse a escribir en momentos hurtados a sus deberes, como lo expresa en una "Pregunta" a Pedro de Mendoza: "El tiempo bien despendido / enlas liberales artes, / en cauas y baluartes / es agora conuertido: /..../ Del qual vn poco furtado, / avnque no syn grande afan, / a vos, señor de Almaçan, / pregunto, mal consonando /..."(núm. 352). En una ocasión de gran tristeza la poesía le sirvió de descanso también ya que le permitió desahogar sus penas. A su esposa le escribió, en la introducción a la "Consolatoria:" "Y asi, señora, pensé de hazer este tractado para consolación de tu merced y para mi descanso, porque descansando en este papel como si contigo hablara, afloxase el heruor de mi congoxa, como haze el dela olla quando se sale, que por poca agua que salga, auada mucho y ella no rebienta"(núm. 337). Notable es la comparación, de tono vulgar, del acto de escribir con el hervir de una olla. El hecho es que emplea casi siempre expresiones concretas, de la vida ordinaria, al hablar de la poesía. A veces es una tarea difícil; pregunta retóricamente a quien invocar "para sobir esta cuesta" (núm. 337), es decir, para expresar sus ideas. En otra ocasión invoca la ayuda divina "para poder el camino / trabajoso prorogar" (núm. 403). Emplea términos de la carpintería al decir que halla "botas las limas / y las otras herramientas / maltractadas, orinientas" (núm. 351) porque hace mucho tiempo que no ha "trobado" o "que las gruesas herramientas / con que yo forjar solia / esas obras que hazia, / non de alta policia, / todas estan orinientas" (núm. 337). Otra vez escribe: "Mas fallo muy rebotadas / las limas con que solia / fazer, quando Dios queria, / algunas obras limadas" (núm. 405). En un intercambio con Juan de Valladolid, se expresa en términos de albañilería: "Vuestras obras son labradas / de gruesa manposteria; / las mias de canteria / con escodas afynadas" (núm. 414). Dos veces compara, en prosa, el componer versos con la construcción de un edificio. Para expresar a su hermana su insuficiencia, su falta de talento, dice que sólo dispone de lo que tienen algunos pobres que quieren construir una casa, es decir, la voluntad y un buen solar dispuesto a recibirla. El solar, se entiende, es aquí la benevolencia de su hermana, dispuesta a recibir el "edificio" del poeta: "Este es el euidente caso por vos, señora, a mi ofrecido. Sobre el qual, por vos ser obediente, esta pequeña e tosca hedefique obra, con aquella mesma nesçesidad que hedifican muchos miserables que para fazer casas non tienen facultad, e temiendo las lluvias e tenpestades del ynvierno e las calores del estio, fazen choças que solamente del agua e del sol les defienda" (núm. 375). Entre paréntesis, podemos decir que estas palabras parecen acusar una conciencia social por parte de Gómez Manrique, un conocimiento de la situación de la gente baja, cosa no muy común en los escritores del siglo decimoquinto. Más tarde, dirigiéndose a los Reyes Católicos, escribe: "A mi acaescio enel comienço desta obra lo que alos ombres no muy cabdalosos que comiençan a hedificar alguna casa en quadra, e antes que se acabe el vn quarto les fallesçe la sustancia, e dexando la obra principal, fazen algunos cunplimientos nescesarios" (núm. 403). La preferencia del poeta por figuras y comparaciones basadas en quehaceres manuales sugiere que concebía el proceso de poetizar esencialmente como una labor técnica.

Aunque Gómez Manrique no es un poeta que preste gran atención a la naturaleza, hay unas cuantas comparaciones basadas en aspectos del mundo natural. Para dar idea de su fidelidad en el amor declara: "Soy tornado rio / que no me puedo tornar" (núm. 332), figura que bien denota la constancia, con sugerencia de fuerza y profundidad. En el "Planto" dice que lloró tanto que sus ojos "como rios cabdalosos / fueron malos de agotar" (núm. 376). Muy aptas son las imágenes que emplea en "Quexas e conparaciones" (núm. 381), donde dice "todas mis amarguras / derrama vuestro donaire / como las nieblas escuras / se derraman con el ayre" y que en viéndola sus ansias huyen "bien como las cueruas prietas / perseguidas del nebli." Es muy aficionado a figuras tomadas de la cetrería; el elogio que Juan Alvarez (Gato) hizo de una señora de Guadalajara le impresiona tanto, dice, que su corazón "nunca jamas se reposa / un momento, ni sosiega, / como el açor de Noruega / haze con hambre rauiosa" (núm. 420). Con otra imagen de la cetrería describe a la Poesía, a quien la muerte ha desprovisto de los más grandes escritores de su época: "fincades desnuda / como falcon quando muda / sus plumas al derribar, / que las vnas le fallescen / e las otras no le creçen" (núm. 376). Compara su propio escribir con la caza de aves: "que bien como no caçando / se rebotan los halcones, / asi bien las discriciones / se botan no las usando" (núm. 413). El poeta se sirve varias veces de imágenes de la caza en sus intercambios con Juan Poeta. Cuando los dos entraron en una competencia para ver quién podía pedir mejor, Gómez Manrique escribió a su contrincante que a él le empujaba la necesidad: "mas fambre que dela peña / al aguila çahareña / faze saltar en la mano, / a mi faze, mosen Juan, / que vos pida qualque cosa" (núm. 388). Una curiosa imagen de la cetrería explica la distinción entre él, cristiano viejo, y Juan de Valladolid, converso: "ca yo sufro capirote, / porque vengo de neblis, / el qual vos, Juan, no sufris" (núm. 388). El sentido velado es que el converso ha sido circuncidado, y el cristiano viejo, no.[59]

Hay otras imágenes expresivas que se basan en actividades corrientes. Por ejemplo, en el "Planto" da muy buena idea de la inquietud y apresuramiento que sentía en el valle tenebroso donde se hallaba: "E bien como quien camina / por ventas en ynvernada, / quando la tarde declina, / aquija muy mas ayna / por fallar cierta posada, / yva yo quanto podia..." (núm. 376).[60] Es una comparación sencilla, pero eficaz, que cualquier persona que haya viajado al anochecer puede apreciar. Otra comparación feliz en la misma obra, "como alcayde sospechoso, / si callan los veladores, / pospone todo reposo, yo me levante quexoso," le habrá venido de sus experiencias en el gobernar. Hay reminiscencias de sus actividades militares: "con tan mudada color / como combaten los muros / los que pungidos de onor / posponen todo temor, / no delas vidas seguros, / yo triste... / ... / andobe quanto podia" (núm. 376). "Mi lengua duda e mi mano trime / bien como faze al moço que esgrime / con algun maestro de gran perficion" (núm. 343) subraya con buen humor su nerviosidad al pedir al Marqués de Santillana un cancionero de sus obras. Una de las figuras más originales del poeta, que se halla en la "Defunzion de...Garci Lasso dela Vega," pone de relieve la honda emoción de la madre al enterarse de la muerte de su hijo:

E bien como queda la gente callando
quando despara la gruesa bonbarda,
e aquel espacio que la piedra tarda
esta sin resollo el golpe esperando;
assi la señora e las suyas quando
delo razonado la tal fin oyeron,

por no poco espacio silencio touieron
que no pareçia que estauan velando. (pág. 31a).

La propiedad física de diferentes elementos suple una serie de
imágenes. A su hermana le dice que la virtud de ella quedará
probada, "bien como queda la plata çendrada" (núm.
375) y termina un poemita amoroso declarando que su sufrimiento está
minando su salud, lo mismo que el fuego rompe una roca (núm.
399). De todas las figuras de este tipo, la más común se basa en
las cualidades del vidrio. Por una parte, el cristal significa
excelencia moral; en sus coplas en respuesta a las misóginas de
Pero Torrellas nuestro poeta dice que las mujeres virtuosas son
"muy mas claras que vedrio" y las contrasta con los hombres,
cuyas obras son "prietas" ("negras" o "viles") (núm. 340). Por
otra parte, el vidrio significa fragilidad; en un caso se trata de la
vida de una dama que "anda peligrosa / mas que delgado
vedrio" porque su belleza despierta los celos y la envidia de las
otras (núm. 407). Finalmente, Gómez Manrique emplea, en sus
"Loores e suplicaciones a Nuestra Señora," una imagen que
gozó de popularidad en la Edad Media para hacer más
comprensible la virginidad de la Madre de Jesús; dice que al dar a
luz ella quedó "tan entera / como sana vedriera / finca del sol
traspasada" (núm. 416).[61]

Más de treinta veces aparecen en la poesía de Gómez
Manrique símiles o metáforas de carácter náutico, tanto en
poemitas de poco momento como en las composiciones más
serias. A menudo el verbo "navegar" es equivalente a
"proceder" o "actuar," como en "nauegad con buenos remos /
enla fusta de tenprança" o sea, "actuar templadamente" (núm.
403), o en "no es vida duradera / nauegar contra fortuna," es
decir, "ir contra fortuna" (núm. 404). La figura de un navío sin
gobernalle o sin remos expresa la idea de falta de control o
dirección. El poeta se compara a sí mismo con una "fusta sin
gouernalle" (núm. 376) y dice que va "qual syn patron el nauio /
va por la mar alterada" (núm. 396) o que "estamos como galea /
careciente de patron" (núm. 402). A una mujer le escribe que su
vida está "conbatida de tormentos, / puesta en tal turbacion /

como nao syn patron / entre muy contrarios vientos" (núm. 406). En la "Exclamacion e querella" hay cinco figuras con "nauio," "nao," "barco" o "galea" que expresan más o menos el mismo concepto.[62] El poeta usa la metáfora de la vida como viaje en barco; en el poema consolatorio a su hermana compara su generación con las anteriores y dice: "pues no nauegamos con mas fuertes remos / nin es nuestra vela de mas rezios velos" y "Del mesmo madero es nuestro nauio / que fueron las fustas de nuestros pasados; / nin menos peligros le son aprestados / mientra nauegare por aqueste rio / mundano que es vn gran desuario" (núm. 375). Las mismas se dan en las "Coplas" para Diego Arias: "En esta mar alterada / por do todos nauegamos" y "mientra son nauegadores / por el mar tempestuoso / deste siglo trabajoso" (núm. 373).[63]

Gómez Manrique elogia el talento de Fernando de Ludueña y minimiza el suyo propio con una metáfora de "mar" y "fusta:"

> Los aliuios que senti
> al tiempo del començar,
> de todo punto perdi
> quando yo me çabulli
> en aquella fonda mar
> de vuestras trobas fundadas
> con que mi fusta cluxia,
> que como ya non surgia,
> tiene las tablas quebradas. (pág. 124a).[64]

Sorprende encontrar tantas alusiones a barcos y al mar en la obra de un poeta que, aparentemente, no tenía nada que ver con la vida marítima.[65]

Sin duda, de todas las imágenes de Gómez Manrique las que más impresionan por su frescura, sencillez y acierto son aquéllas con las que él recalca lo efímero y fugaz de todo. Hay un solo ejemplo en un poema amoroso, en el que dice: "mis mayores alegrias / pasan mas rezias que rayo" (núm. 333); las demás aparecen en las obras de amonestación. Para consolar a su hermana, en una época de quebrantos de fortuna, le muestra que los hechos de este mundo no tienen importancia. Con espíritu de estoicismo cristiano le dice "ca estos que nos llamamos dolores, / e todos deportes e gozos mundanos, / mas presto se pasan que sueños liuianos, / o que los vientos por altos alcores" (núm. 375, pág. 65a) y que los males y bienes "asi como sonbra nos desapareçen" (pág. 65b). Son tres figuras basadas en sustantivos muy ordinarios pero que denotan lo más insustancial posible, tres cosas imposibles de captar, sueño, viento y sombra. Algunos de los símiles en la continuación al "Debate" de Juan de Mena son semejantes: lo terreno "...pasa como sueño / e como sonbra fallesçe" (*Cancionero*, I, 321). Los triunfos de los romanos "como mieses se secaron / con soles de los veranos" (*Cancionero*, I, 299) y "el deporte que mas dura / en esta vida mezquina / se podreçe tan ayna / como mançana madura" (*Cancionero*, I, 321). Las "Coplas" para Diego Arias es la composición que contiene el mayor número de figuras de este tipo y las más felices. Hélas aquí:

>   que vicios, bienes, honores
>   que procuras,
>   passanse como frescuras
>   delas flores (estr. 8, pág. 87a)
>
>   ....
>
>   O, pues, tu, ombre mortal
>   mira, mira
>   la rueda quan presto gira
>   mundanal (estr. 9, pág. 87a)
>
>   ....
>
>   no fallaras al presente
>   sino fama
>   transitoria como flama
>   de aguardiente (estr. 11, pág. 87b)
>
>   ....
>
>   que el ventoso poderio
>   temporal
>   es vn muy feble metal
>   de vedrio (estr. 13, pág. 87b)
>
>   ....
>
>   los amigos de prouecho
>   fallecen enel estrecho
>   como agua de laguna (estr. 15, pág. 87b)

....
que en respecto del celeste
   consistorio
es vn sueño transytorio
   lo terrestre (estr. 25, pág. 89a)

....
que todas son emprestadas
   estas cosas
e no duran mas que rosas
   con eladas (estr. 26, pág. 89a)

....
[los] bienes temporales,
que mas presto que rosales
pierden la fresca verdor;
e no son sus crescimientos
   syno juego,
menos turable que fuego
   de sarmientos (estr. 46, pág. 91a)

....
que este mundo falaguero
   es syn dubda,
pero mas presto se muda
   que febrero (estr. 47-Fin, pág. 91a)

La "rueda mundanal," naturalmente, sugiere la rueda de la Fortuna, figura de sobra común en la poesía del siglo XV. El uso de "vedrio" ya se ha notado antes como símil de fragilidad, pero cabe apuntar aquí cómo se refuerza el concepto de "fragil" y "fugaz" con los adjetivos "ventoso," "temporal" y "feble." De las tres imágenes que se refieren a las flores, "passanse como frescuras de las flores," "que mas presto que rosales / pierden la fresca verdor" y "e no dura mas que rosas / con eladas," esta última produce más gráfica y concretamente la impresión de lo efímero. "Agua de laguna" y "fuego de sarmientos" se basan en elementos dispares (líquido-fuego), mientras que "flama de aguardiente" combina estos elementos en una sola figura muy lograda. Gran acierto es el escoger el mes más corto y más voluble para la figura con que da remate a todo el poema. Lo admirable es que el poeta haya sabido expresar lo que es esencialmente el mismo concepto con figuras tan variadas y que todavía no han perdido su poder evocador.

Es evidente que una sola obra no puede representar toda la variedad que hay en la larga producción de Gómez Manrique, pero tal vez no estaría fuera de lugar considerar un poema, el "Regimiento de príncipes" (núm. 403), que ofrece bastantes ejemplos de las técnicas más comunes de su estilo serio. Ya presentamos antes (págs. 35-36) un resumen de su contenido y no hace falta repetirlo aquí. Recordemos que el poema se divide en dos partes de tamaño desigual; la primera y más larga se dirige a Fernando y la segunda, a Isabel. El poeta comienza por declarar que hablará sin recelo y para prevenir contra los consejeros serviles y lisonjeros. Termina el poema con las mismas amonestaciones, enlazando así fin y principio. Hay una división formal creada por las dos invocaciones, la primera (estr. 18), insertada después de la larga arenga contra los consejeros malos, y la segunda (estr. 61), antes de dirigirse el poeta a la Reina. En ambas pide la ayuda de la Santa Trinidad, como es su costumbre.

La primera técnica que se nota es que recurre a personas históricas para hablar de un peligro actual, en este caso el dejarse influir por los malos consejeros. Sirven como ejemplos de gobernantes que cayeron en tal error Roboán y Saúl ("antecessor de Dauit" en perífrasis apelativa) bíblicos, Nero y Sardanápalo paganos y el rey godo Rodrigo, Pedro el Cruel e incluso Enrique IV de la historia nacional. Dado el carácter aleccionador de la composición, viene a propósito que el poeta amplifique sus consejos con una explicación o metáfora.[66] Después de instar al Rey a que ponga en práctica lo ya decidido, amplía la idea con dos comparaciones: "Que sin el fuego la fragua / el fierro non enblandesçe, / ni la simiente podresçe / con los nublados syn agua" (estr. 35), y cuando le dice que debe mantener un justo medio en la ejecución de la justicia, añade "que ramo de crueldad / es justiçia regurosa; / el perdonar toda cosa / no se llama piadad" (estr. 41). También es notable el uso de locuciones equilibradas, como "ya deueys auer leydo / no quedar mal ynpunido / nin bien ynremunerado" (estr. 12), "lo passado

memorar, / hordenar bien lo presente" (estr. 30) o [un corazón
que] "ni con el bien se leuante, / ni con el mal dexe caher" (estr.
54). Hay acumulación de adjetivos, aunque no tan frecuente que
llegue a ser pesada; a los consejeros buenos les aplica los
vocablos "discretos, cuerdos, sentidos, / mas nectos y mas
febridos" (estr. 32) y a los malos, "viciosos, / couardes, necios,
golosos, / amadores de terrazos" (estr. 33). La sinonimia se halla
en "si fuese bien mirada, / bien medida y contemplada" (estr.
37) y "nunca fue tal fortaleza, / tal costancia, tal firmeza" (estr.
60), entre otros muchos ejemplos que se podrían aducir. Su
predilección por el poliptoton se ve en versos como "con el peso
que pesardes / vos pesara sant Miguel; / si la balança torcistes, /
alla vos la torceran" (estr. 38). Abundan las anáforas: "Pues a
qualquier miserable / deueys ser caritatiuo; / alos buenos
amigable, / alos fuertes espantable, / alos peruersos esquiuo"
(estr. 28) o "esta sola nos detiene, / esta sola nos conforta" (estr.
29). En la estrofa 42 el poeta combina anáfora y antítesis y da
remate con una metáfora náutica del tipo que, como hemos
dicho antes, le era tan grato:

> Entre clemencia e rigor,
> entre prodigo y avaro,
> entre muy rahez y caro,
> entre denuedo y themor,
> nauegad con buenos remos
> enla fusta de tenprança,
> que del que va por estremos
> por escritura tenemos
> que fuye la bienandança.

Emplea otra figura marítima en la penúltima estrofa, para hablar
de su obra:

> Pues que mi saber desmaya
> y la obra se difiere,
> si al puerto no pudiere,
> quiero salir enla playa
> con esta fusta menguada
> delos buenos aparejos
> para tan luenga jornada,

> pero sin duda cargada
> de verdaderos consejos.

Hay otros bien escogidos símiles y metáforas, además de los ya mencionados. El poder de Enrique IV quedó destruido "qual sy fuera de vedrio" (estr. 10); si sus ministros hubieran sido concienzudos, no habrían tratado mal a la Princesa, como lo hicieron, "nin en este principado / tal empacho se pusiera / por donde nesçessitado / se fixo, señor, assado / lo que cocho se fiziera" (estr. 11). Los dos últimos versos se relacionan con el refrán "Mal cocho, peor asado."[67] En sus consejos al Rey don Fernando emplea el celebrado símil de Solón que compara la telaraña con la justicia (símil usado ya en el siglo XIV por don Juan Manuel en el *Libro de los estados*, VI, xxxix).[68] Aconseja al Rey que no se asemeje "ala red delas arañas, //que toma los animales / que son flacos y chiquitos, / assi como los mosquitos / y destos vestiglos tales; / mas si passa vn abejon, / luego, señor, es ronpida: / assi el flaco varon / mata los que flacos son, / alos fuertes da la vida" (estrs. 52-53). Ha cambiado algo el símil, ya que la telaraña no se compara con la justicia sino con el hombre, el administrador de la justicia. Hablando a la Reina, se vale de esta comparación original:

> E bien como los dechados
> errados enlas lauores
> son syn dubda causadores
> delos corrutos traslados,
> assi bien sereys, señora,
> siguiendo vicios senzillos,
> de doblados causadora,
> que en casa dela pastora
> todos tocan caramillos. (estr. 72)

La elección de "dechados" (ejemplares o muestras) en las labores y el concluir con el refrán, "En casa de la pastora, *etc.*," es todavía otro ejemplo de cómo Gómez Manrique sabía convertir lo ordinario, lo cotidiano en expresión poética.

Resumen

Después de cinco siglos, Gómez Manrique aparece a través de sus versos como un hombre de honrado carácter, recto, sincero y generoso. Como todo hombre tenía debilidades; asoma, aunque muy raramente, una nota de rencor ocasionado tal vez por el tratamiento negligente por parte de algún burócrata y hoy día su sentido del humor puede parecer tosco, ya que generalmente dirigió sus dardos contra personas de condición inferior que no podían defenderse. A veces prodigó por cortesía unos elogios exagerados a personas que probablemente no los merecían, pero no fue adulador. Tuvo el valor de decirles la verdad a oficiales y a reyes, si bien con el debido respeto. No parece haber tenido grandes enemistades ni odios personales; por lo menos, si los tuvo no influyeron en su obra literaria. En cambio, deja ver muy claramente su afecto para con amigos y, sobre todo, con los miembros de su familia. Su admiración por las mujeres, expresada en muchas poesías amatorias, probablemente es sincera, pero su expresión se nos antoja convencional. No es en ellas donde hay que buscar la verdadera emoción íntima del poeta sino en la "consolatoria" para su mujer, escrita en la vejez.

Las declaraciones de falta de talento corresponden al *topos* tradicional; las protestas y quejas de que le faltaba tiempo que dedicar a la tarea literaria tienen traza de ser personales y sinceras. Ocupado en asuntos de guerra, política y gobierno, el poeta no disponía de los ratos libres que le hubieran gustado. Es por eso que algunos de sus poemas quedaron truncados. En el caso de la obra consolatoria a su esposa, tal carácter puede atribuirse también al profundo desaliento que sentía cuando la terminaba. Impresiona en su obra la variedad de expresión, delicada e ingeniosa en los versos de amor, burlona en los poemas a Juan de Valladolid, emotiva, aunque a veces con excesiva despliegue de erudición, en las obras elegíacas y consolatorias, enérgica y clara en las amonestaciones a los poderosos y sensible en las pequeñas obras dramáticas.

Igualmente loable es la diversidad de formas métricas. Prefirió
los versos de arte menor sobre el arte mayor. No inventó formas
nuevas, pero el que compusiera canciones trovadorescas, coplas
castellanas, coplas reales, coplas mixtas, coplas de pie quebrado
en diferentes combinaciones y estrofas polimétricas es clara
evidencia de que gustó de experimentar y variar los vehículos de
su expresión poética. También demuestra una riqueza léxica, con
bastantes aciertos en la elección de vocablos. Sabe combinar
cultismos y extranjerismos con dichos y refranes populares, casi
siempre de modo que no suenen forzadas las combinaciones.

Gómez Manrique es hijo de su siglo en su predilección por
referencias clásicas y en el deseo de elevar su estilo con
construcciones latinas. Su diestro manejo de las figuras retóricas
y tropológicas revela una conciencia artística refinada. Su
originalidad se destaca cuando habla del oficio de poetizar,
describiéndo lo en términos de trabajos manuales y de
herramientos, pero donde más brilla su talento evocador es en la
creación de imágenes que expresan lo efímero e insustancial de
los bienes mundanos. En esto tiene pocos iguales. También, en
sus mejores obras, supera a muchos de su época por la sinceridad
de su emoción. Fue un poeta de talento cuyas obras nos
proporcionan una multitud de versos y expresiones elegantes,
conceptos y sentimientos admirables y vivas figuras y
comparaciones.

Notas

1 Marcelino Menéndez y Pelayo, *Antología de poetas líricos castellanos*, VI (Madrid, 1896), lix.

2 Gómez Manrique, *Cancionero*, ed. Antonio Paz y Melia (Madrid, 1885).

3 Hay Gómez Manrique, *Poesías*, ed. T. Ortega (Valencia, 1941) y *Los Manriques, poetas del siglo XV*, ed. de Joaquín de Entrambasaguas, Bibl. Clásica Ebro (Zaragoza-Madrid, 1ª ed. 1966).

4 María Teresa Leal de Martínez, *Gómez Manrique, su tiempo y su obra* (Recife, 1959), 121 págs.

5 Rafael Lapesa, "Poesía docta y afectividad en las 'consolatorias' de Gómez Manrique," en *Estudios sobre literatura y arte dedicados al profesor Emilio Orozco Díaz*, U. de Granada (Granada, 1974) II, 231-39.

6 Harry Sieber, "Dramatic Symmetry in Gómez Manrique's *La Representación del Nacimiento de Nuestro Señor*," en *Hispanic Review*, XXXIII (1965), págs. 118-135; Stanislav Zimic, "El teatro religioso de Gómez Manrique (1412-1491)," en *Boletín de la Real Academia Española*, LVII (1977), págs. 353-400.

7 Cuando no hay otra indicación, los números y las citas de poemas se toman siempre de las obras de Gómez Manrique en *Cancionero Castellano del siglo XV*, ed. Ramón Foulché-Delbosc, tomo II (*NBAAEE* 22) (Madrid, 1915). He usado esta edición por ser la más accesible. Hace falta una edición crítica de las obras de Gómez Manrique basada en todas las fuentes posibles.

8 En las famosas "Coplas" (vv. 313-336), Jorge Manrique compara a Rodrigo Manrique con Octaviano, Julio César, Escipión, Aníbal, Trajano, Aureliano, Cicerón, Antonino Pío, Marco Aurelio, Adriano, Teodosio I, Aurelio Alejandro, Constantino y Camilo.

9 La lista de los libros que se incluyó en el inventario de sus bienes, hecho después de su muerte (publ. en Paz y Melia, II, 332-34), aunque no muy larga, es un indicio de la variedad de sus

lecturas. Incluye, además de su propio *Cancionero* y el del Marqués de Santillana, obras sobre la historia antigua y moderna, libros en latín y traducciones, un Boccaccio, un compendio de medicina, un tomo sobre asuntos de guerra, uno de leyes, un misal, *etc.*

10 Gómez Manrique fue quien condujo a Dueñas al príncipe Fernando cuando el aragonés vino a casarse con Isabel, y fue él quien retó a Alfonso V de Portugal en nombre de los Reyes Católicos.

11 El rechazo de las musas y de los dioses se encuentra ya en la literatura clásica latina y después en la hagiográfica, donde se invoca al mismo personaje que era tema de la obra. El Marqués de Santillana rechazó la ayuda de las musas, para invocar a Villena mismo, en su "Defunción de don Enrique de Villena." *Ver* Joaquín Gimeno Casalduero, *Estructura y diseño en la literatura castellana medieval* (Madrid, 1975), págs. 182-184, y del mismo autor, *La Creación literaria de la edad media y del renacimiento* (Madrid, 1977), págs. 45-65. Pero los castellanos invocaron también a los paganos. Francisco Imperial, "Desir a las siete virtudes" (*Cancionero de Baena*, núm. 250) invoca a Apolo; Juan de Mena, "El Laberinto de Fortuna" invoca a Apolo y las musas; y Santillana, "Comedieta de Ponza" le pide ayuda a Jove. Creo que importa subrayar que Gómez Manrique nunca invoca sino a Dios.

12 Es incomprensible que en la *Antología de los Manriques* de Clásicos Ebro (Zaragoza, 1966), pág. 58, la nota diga que "Joannis primo" es "Primo de Juan, refiriéndose a Juan II." El primo de Juan (Bautista) es, claro está, Jesús.

13 *Ver* María Rosa Lida de Malkiel, *Estudios sobre la literatura española del siglo XV* (Madrid, 1977), pág. 304.

14 *Ver* Brian Dutton, *Catálogo-Indice de la poesía cancioneril del siglo XV*, Seminary of Medieval Studies, Ltd. (Madison, Wisconsin, 1982), núms. 3359, 0402, 0439, 3360, 0131, 3648 y 0313. El poema "Vive leda si podrás" se atribuye a Juan Rodríguez del Padrón en el *Cancionero de Baena* (núm. 471).

15 Entre otros, su sobrino, Jorge Manrique, en "Castillo de

amor'' y en ''Escala de amor''(*Canc. cast.*, II, 241, núm. 475 y 240, núm. 472); Luis de Bivero, en ''Guerra de amor'' (*ibid.*, pág. 712, núm. 1129); y Juan Alvarez Gato, en ''Esta primera es vn desafio de amor que hizo a su amiga'' (*Canc. cast.*, I, 261, núm. 138). Hay que recordar que esta metáfora es tradicional en la poesía desde Ovidio.

16 Es dudosa la atribución a Gómez Manrique del curioso poema ''Sobre la lición de Job que comiença 'Heu mihi,''' que intercala palabras o frases latinas en una composición en que se expresa el sufrimiento amoroso. Se da como de Manrique en *Canc. cast.*, II, 53; Paz y Melia lo pone en el apéndice de su *Cancionero* del poeta, II, 304. *Ver* Dutton, *Catálogo-Indice*, núm. 1842.

17 Por ejemplo, estos versos de la segunda estrofa: ''Nuevas quieren poner leyes / los que caçan con buharro; / fatigar quiere sus bueyes / quien no vnta bien su carro.''

18 Entre los poetas del *Cancionero de Baena* tales preguntas serias son bastante frecuentes.

19 El Conde de Castañeda cayó prisionero de los moros y fue rescatado en 1458, según Paz y Melia, II, 352.

20 Este tipo de mofa gozó de cierta popularidad en el siglo XV. Entre otros que usaron el tema están Antón de Montoro, Quirós y Juan de Mena.

21 Un poema del Conde de Paredes (*Cancionero de obras de burlas*, ed. J. A. Bellón y P. Jauralde Pou, Madrid, 1974, pág. 87) dice que Juan Poeta fue preso por los moros de Fez.

22 Hay que recalcar el carácter individual de estos ataques contra Juan Poeta; en los intercambios entre Gómez Manrique y Juan Alvarez Gato, no hay nada que se refiera a la condición de converso de este último.

23 Gómez Manrique, *Cancionero*, II, 354-56.

24 ''...lo qual es por los sabios antiguos reprouado, e por los presentes, segun el magnifico señor Marques de Santillana e Conde del Real, que es caudillo, lo muestra'' (págs. 65-66).

25 Para la influencia de Mena sobre Gómez Manrique no sólo en la ''Defunzion'' sino también en el ''Planto,'' el ''Regimiento de

príncipes" y otras obras, véase María Rosa Lida de Malkiel, *Juan de Mena, poeta del renacimiento español*, Publ. de la *NRFH* (México, 1950), págs. 413-423.

[26] Por ejemplo, al principio del poema: "nin las hermanas discretas / que moran cabe la fuente" etc., y ciertas rimas y comparaciones. *Ver* Rafael Lapesa, *La obra literaria del Marqués de Santillana* (Madrid, 1957), págs. 303-05.

[27] Rafael Lapesa, "Poesía docta y afectividad," págs. 235-36, cree que el poema se empezó en 1480, quedó interrumpido a principios de 1481 y no se terminó hasta 1485 o 1486.

[28] Paz y Melia, *Cancionero*, II, 351, dice: "Tal vez se alude aquí a los tratos de paz que se entablaron en Corella entre el Rey de Aragón Don Juan II y Don Enrique IV de Castilla, por medio del Arzobispo de Toledo y el Marqués de Villena. En este caso, la poesía se escribió en 1464, fecha de aquellos pactos, que no tuvieron efecto, pues el mismo año ya se confederó el rey de Aragón con los Grandes de Castilla contra Don Enrique IV." La necesidad de poner fin a las contiendas intestinas y de unirse en una empresa común contra los moros ya halló expresión en Mena, *Laberinto de Fortuna* y en Santillana, *Lamentación fecha...en prophecía de la segunda destruyçión de España.*

[29] Menéndez y Pelayo, *Antología*, VI, xcvii: "Estos sabios *Consejos*...son, sin duda, la obra maestra de su autor...."

[30] Paz y Melia, II, 359.

[31] Esta declaración es muy semejante a la que escribió a Diego Arias de Avila.

[32] Francisco Ruiz Ramón, *Historia del teatro español (Desde sus orígenes hasta 1900)*, (Madrid, 1967), I, 23.

[33] J.P. Wickersham Crawford, *Spanish Drama before Lope de Vega* (Philadelphia, 1937), pág. 6.

[34] Angel del Río, *Historia de la literatura española* (New York, 1963), I, 141.

[35] Stanislav Zimic, "El teatro religioso de Gómez Manrique," pág. 398.

[36] Zimic, pág. 396.

[37] Zimic, pág. 397.

38 Humberto López Morales, *Tradición y creación en los orígenes del teatro castellano* (Madrid, 1968), pág. 125.
39 N.D. Shergold, *A History of the Spanish Stage* (Oxford, 1967), pág. 40.
40 Zimic, pág. 378.
41 Coincidimos por completo con Zimic, pág. 357, cuando dice que "en la *Representación* el autor se sirve, con evidentes fines ideológicos y docentes, del tema de la Pasión como ampliación obligada del contexto en que se contempla el Nacimiento."
42 Doy un repertorio de las formas métricas de Gómez Manrique en el apéndice.
43 Los versos en bastardilla son los de la canción original. Tomás Navarro Tomás, *Métrica española* (Syracuse, N.Y. 1956), pág. 127, dice que la glosa de Gómez Manrique parece ser la primera de este tipo.
44 *Ver* Harry Sieber, "Dramatic Symmetry...," págs. 128-135 para una discusión detallada de la forma de esta "canción de cuna."
45 Dorothy Clotelle Clarke, *Morphology of Fifteenth Century Castilian Verse* (Pittsburgh, Penn., 1964), pág. 198, dice que Gómez Manrique "...was perhaps the most meticulous poet of his time....Perfection was achieved apparently despite the lack of formal training in the art....."
46 *Ver* Navarro Tomás, *Métrica española*, págs. 114 y sigs.
47 El mismo Santillana había usado bastantes galicismos en su poesía; Rafael Lapesa, *La obra literaria del Marqués de Santillana*, pág. 167, dice: "Hay en el léxico del Marqués, como en toda la literatura castellana de su tiempo, un estrato ya viejo de procedencia francesa o provenzal, al que la vida de corte habia añadido préstamos recientes...."
48 La palabra "cos" fue usada ya por Fray Diego de Valencia en un "Dezir:" "cos natural angelical," *Cancionero de Baena*, núm. 506.
49 Gómez Manrique tomó prestados versos de varios poetas en "Para los dias de la semana, de amores," y entre ellos la conocidísima estrofa de Macías que empieza: "Cativo de minha

tristura.'' Pero el que escribiera un poema en portugués y echara mano de unos cuantos versos en gallego no justifica la declaración (hecha por María Teresa Leal de Martínez, *Gómez Manrique*, pág. 72, y por otros) de que él es el último poeta castellano que escribe en gallego.

50 En los párrafos en prosa de la "Consolatoria" Gómez Manrique incluye varias citas en latín, con sus traducciones, tales como "Homo natus de muliere, breui viuens tempore, repletur multis miseriis; que dezir quiere: Todo onbre de muger naçido es poco tienpo biuiente, e aquel de miserias e trabajos lleno" (pág. 59a). Hay otros ejemplos en págs. 64a, 66b.

51 Santillana tiene ejemplos como "Oh vos, dubitantes, creed las estorias" (*Comedieta de Ponça*, estr. 1) y "Querría ser demandante / guardante su cirimonia / si el puerco de Caledonia / se mostró tan admirante" (*Infierno de los enamorados*, estr. 14).

52 Contestando a la pregunta del portugués don Alvaro, Gómez Manrique usa tres participios activos: "Quel que horden caualeyra / reçibe, desque vençente, / onora mays su vandeyra, / poys primeyro mereçente / se fizo que reçebente" (pág. 93b).

53 Este estilo latinizado es aún más notable en la prosa del autor; véase, por ejemplo, este trozo del comienzo del poema a su hermana: "No pocas vezes, muy noble e virtuosa señora, yo he seydo por la señoria vuestra rogado e mandado e avn molestado, que sobre el caso desta aduersa fortuna vuestra alguna obra compusiesse; acaeçiendo a vos comigo como alas madres, las quales, çiegas del grande que han amor alos fijos suyos, no sola mente el reyr e jugar dellos les bien pareçe, mas avn llorar les agrada, e cuydan que asi bien lo faze a quantos los veen; cunpliendo se en ellas el vulgar refran que dize: Quien feo ama, etc...." (pág. 56b).

54 *Ver* István Frank, *Répertoire Métrique de la Poésie des Troubadours*, tomo I (París, 1953), págs. xxxviii-xxxix.

55 Otros ejemplos con verbos incluyen: "Esta...quiso / ... / e quiere que ser querida / no querays (pág. 42a); "que fuese fue necesario" (pág. 53a); "respondere lo que respondio" (pág.

32a); "Plangan comigo que plaño" (pág. 87a); "de lagrimas se bañara / como, cierto, se baño / quando de vos me parti / y se vaña todavia" (pág. 125a); "fuyd los vicios fuyendo" (pág. 114b).

56 Otros casos de este poliptoton basado en "turbar" se hallan en los núms. 343, 346, 375 y 402.

57. Los poetas también se insultan desmedidamente cuando se trata de enemistades reales o fingidas.

58 Compárese con este trozo de Santillana, "Defunsión," estr. 14: "Aquellas sus caras sin duelo ferian / e los cuerpos juntos en tierra lanzavan; / e tan despiadados sus fazes rasgavan / que bien se mostraua que non lo fengian."

59 El poeta usa la misma figura, "trobador syn capirote," contra Juan Poeta en el núm. 389, y contra Mossen Juan, el truhán de su hermano, en el núm. 386: "No curas de capirote / a la guisa de judea."

60 Hay otros usos metafóricos de "camino," así como decir que el cambiar la paz por la guerra es equivalente a dejar los caminos llanos por las sierras (núm. 354) o decir que somos "caminantes" por esta vida (núm. 346).

61 Esta imagen se halla en el *Miracle de Théophile* de Rutebeuf, en la *Queste du saint Graal*, en obras de Adam de Saint-Victor y otros. En español, la utilizó don Juan Manuel en el *Libro de los estados*, II, viii, 235-36.

62 Son: "[se conoce] por el gouernador / el gouernado nauio;" "sin el gouernalle bueno / el varco va peligroso;" "la nao sin el patron, / no puede ser bien guiada;" "es peligro nauegar / en galea sin los remos;" "las naos sin los barquetes / mal se syruen dela tierra."

63 Dos otras figuras en este poema son: "El barco que muchos reman / a muchos ha de traher" (pág. 88a) y "Los fauoridos priuados / ... / mas sospiran / que los remantes que tiran / enla vanda" (pág. 90a-b).

64 Otras figuras náuticas se encuentran en los núms. 314, 376, 392, 407, 411, y en *Cancionero*, I, págs. 290 y 315.

65 Gómez Manrique habría podido encontrar algunas de estas

imágenes en la poesía del Marqués de Santillana, quien tiene
versos como "Qual sin patron el navio / soy, despues que non
vos veo" ("Carta del marqués a una dama," estr. 3), "Como
nave combatida / de los adversarios vientos / ... / iva con mis
pensamientos" ("Infierno de los enamorados," estr. 8) y "bien
como la nave, que suelta los cables / e va con buen viento leda
navegando" (Defunsión," estr. 15). Sin embargo, su uso es
mucho más frecuente en la poesía de Gómez Manrique.

66 Es por este deseo de amplificar que, de las 79 estrofas del
poema, 13 empiezan con "Que..." (y 2 con "Ca..."), como este
ejemplo: "Que el esfuerço verdadero / no consiste en cometer /
las cosas y non temer / el peligro temeroso;..." (estr. 55).

67 Paz y Melia, II, 173, nota: "Es curioso ver repetida por el
autor la expresión que empleó Alonso de Palencia en su carta al
Arzobispo de Toledo al noticiarle el estado de las cosas cuando
iba en busca de Don Fernando para procurar su matrimonio con
Doña Isabel. Decía así: 'Hoc brebibus, sed efficacibus
confirmavi verbis, quod condiendus esset cibus aliter quam
instituissent condiendum, ita ut ederent assum quidquid parare
curaverant elixum,'" pero no dice nada del aspecto proverbial de
la frase.

68 El modelo más inmediato era el *Laberinto* de Juan de Mena,
estrs. 81-82. La admonición de Mena es que "las leyes presentes"
no sean como la telaraña. *Ver* Lida de Malkiel, *Juan de Mena*,
pág. 418.

Apéndice

Repertorio de formas métricas

Número de estrofas	Rimas	Número en *Cancionero castellano*

I. Arte mayor

8 (+ fin)	ABBA-ACCA (ACCA)	343
36 (+ fin)	ABBA-ACCA (ACCA)	346
3	ABAB-BCCB	353 (Respuesta)
31	ABBA-ACCA	375

II. Versos octosílabos

1. Copla de arte menor

4 (+ fin)	ABAA-BCCB (ABBA)	348 (Respuesta)
3	ABBA-ACCA	350(Respuesta)
4 (+ fin)	ABAB-BCCB (BCCB)	356 (Respuesta)
2 (+ fin)	ABBA-ACCA (ACCA)	399

2. Canción trovadoresca

3	ABAB-CDDC-ABAB	321, 338, 418
3	ABAB-CDCD-ABAB	322, 330
3	ABBA-CDDC-ABBA	324, 329, 332
3	ABBA-CDCD-ABBA	326, 327
5	ABBA-CDDC-ABBA-EFFE-ABBA	323, 331
5	ABAB-CDCD-ABAB-EFEF-ABAB	328
5	ABAB-CDDC-ABAB-EFEF-ABAB	334
5	ABAB-CDDC-ABAB-EFFE-ABAB	373

3. Copla castellana

1	ABBA-CDCD	383
1	ABAB-CDCD	370
2	ABAB-CDCD-ABBA-CDCD	396
2	ABAB-CDCD	410
2	ABAB-CDDC	420
3	ABBA-CDCD	371
4 (+ fin)	ABBA-CDDC (CDDC)	352
4 (+ fin)	ABBA-CDCD (ABAB)	386
5 (+ fin)	ABBA-CDDC (CDDC)	311
5 (+ fin)	ABAB-CDCD (CDCD)	342
6	ABAB-CDCD	393
6 (+ fin)	ABBA-CDCD (CDCD)	312
7	ABBA-CDCD	413
11	ABAB-CDCD	385
12	ABAB-CDDC (ABBA-CDDC en estr. 7)	407
18	ABAB-CDCD	369

4. Copla real
(a) Combinación 4-6

6	ABAB-CCDDDC (estr. 1, 2)	366

		ABAB-CCDCCD (estr. 3-6)	
7		ABBA-CCDCCD	416
(b) Combinación 5-5			
1		ABAAB-CDDDC	374
34		ABAAB-CDDDC	
		(ABBBA-CDDDC en estr. 20, 21)	337
2		ABAAB-CDCCD	357 (Respuesta), 417, 421
2		ABBBA-CDDCC	390
3		ABAAB-CDCCD	349 (Respuesta)
4		ABAAB-CDCCD	404 (Respuesta)
9		ABAAB-CDCCD	406
4		ABBBA-CDDDC	388
5		ABBBA-CCDDC	402
6		ABAAB-CDCCD	408, 394 (Respuesta)
134		ABAAB-CCDDC	376
2		ABBBA-ACCCA (sólo 3 rimas)	401

5. Copla mixta
    (a) Estrofa de 9 versos
        (a-1) Combinación 4-5

1	ABBA-CCDDC	397
1	ABAB-CDDDC	362
3	ABBA-CDDDC	398
3 (+ fin)	ABBA-CDCCD (ABBA)	320
4 (+ fin)	ABBA-CDCCD (CDCCD)	392
6	ABBA-CDDCD	313
11 (de Manrique)	ABBA-CDCCD	340
21	ABBA-CDDCC	365
79	ABBA-CDCCD	403

        (a-2) Combinación 5-4

1	ABBBA-CDDC	423
2	ABBBA-CDDC	361
3	ABAAB-CDDC	351
3	ABBBA-CDDC	411
4 + 4	ABAAB-CDDC	405, 405 Replicato
5 (+ fin)	ABAAB-CDDC (CDDC)	344
6	ABBAA-CCDD (1ª estr. de sólo 8 versos)	355 (Respuesta)
14	ABBBA-CDDC	367

    (b) Estrofa de 10 versos
        (b-1) Combinación 4-6

5	ABBA-CDECDE	358
8	ABBA-CDECDE	400

        (b-2) Combinación 6-4

2	ABCABC-DEED	363

    (c) Estrofa de 11 versos

1	ABAAB-CDECDE	387

6. Copla de pie quebrado
    (a) Estrofa de 8 versos

3 (+ fin)	ABBA-CdDc	319
5	ABBA-CdCd	341
6	ABBA-CdDc	389
6 (+ fin)	ABAB-CdDc (CdDc)	381

7	ABBA-cDCD	316
8	ABBA-CdDc	354
8	ABAB-CdDc	359
9	ABBA-CdCd	382
12	ABBA-CdDc	384
15	ABBA-CdDc	378

(b) Estrofa de 9 versos

2 (+ fin)	ABAAB-CdDc (EE)	395
5	ABAAB-CdDc	347
47	ABBBA-CdDc	377

(c) Estrofa de 10 versos
   (c-1) Combinación 5-5

4 (+ fin)	ABBBA-CdDDc (CdDDc)	368

   (c-2) Combinación 4-6

1	ABAB-CCdDdC	336
4	ABBA-CdECdE	360
4	ABBA-CDeCDe	409

   (c-3) Combinación 6-4

3	AbCAbC-DEED	314
3 (+ fin)	AbCAbC-DeEd (DeEd)	317
7	AaBAaB-CDDC (1ª estr.)	414
	AaBBbA-CDDC (estr. 6-7)	
8	AbCAbC-DEDE	380

(d) Estrofa de 11 versos

6	ABBBA-CdECdE	345

(e) Estrofa de 12 versos

1	ABcABc-DEfDEf	318

(f) Canción trovadoresca con pie quebrado

1	AbAb-CDDC-AbAb	325, 333

(g) (Incompleta)

1	AbCAbC-DEED	339

7. Formas especiales
  (a) Dos redondillas con la misma rima - Glosa

3	ABBA-ABBA	412

  (b) Copla castellana + redondilla

2	ABBA-CDCD-DCDC	355 (Respuesta)

  (c) ¿Estribillo? + copla castellana con vuelta

14	XX-ABBA-X (estr. 1)	419
	ABBA-CDDC-x (estr. 2, 4, 5, 10, 11, 12)	
	ABAB-CDDC-x (estr. 3)	
	XX (estr. 6)	
	ABAB-CDDC-x (estr. 7, 9)	
	ABAB-CDCD-x (estr. 8)	
	ABBA-CDDC (estr. 13, 14)	

8. Polimetría
  (a) Copla mixta + canción trovadoresca

9	ABBA-CDCDD (estr. 1-7)	315
	ABBA-CDDC-ABBA (estr. 8-9)	

  (b) Copla castellana + cuartetas (quintilla) prestadas

14	ABBA-CDDC (estr. impares)	364

Bibliografía

I. Ediciones de Gómez Manrique

Cancionero castellano del siglo XV, ed. Ramón Foulché-Delbosc, t. II (*NBAAAEE*, 22) (Madrid, 1915), págs. 1-154.

Manrique, Gómez, *Cancionero*, Ed. Antonio Paz y Melia, 2 tomos (Madrid, 1885).

_____,*Poesías*, ed. T. Ortega (Valencia, 1941).

Los Manriques, poetas del siglo XV, ed. Joaquín de Entrambasaguas, Bibl. Clásica Ebro (Zaragoza-Madrid, 1ª ed. 1966), págs. 35-76.

II. Otras obras

Baena, Juan Alfonso de, *Cancionero*, ed. José María Azáceta, 3 tomos, Clásicos hispánicos (Madrid, 1966).

Cancionero de obras de burlas, ed. J. A. Bellón y P. Jauralde Pou (Madrid, 1974).

Clark, Dorothy Clotelle, *Morphology of Fifteenth Century Castilian Verse*, Duquesne Univ. Press (Pittsburgh, Penn., 1964).

Crawford, J. P. Wickersham, *Spanish Drama before Lope de Vega* (Philadelphia, 1937).

Dutton, Brian, *Catálogo-Indice de la poesía cancioneril del siglo XV*, The Hispanic Seminary of Medieval Studies, Ltd. (Madison, Wis., 1982).

Frank, István, *Répertoire métrique de la Poésie des troubadours*, tomo I (París, 1953).

Gimeno Casalduero, Joaquín, *La creación literaria de la edad media y del renacimiento* (Madrid, 1977).

_____, *Estructura y diseño en la literatura castellana medieval* (Madrid, 1975).

Lapesa, Rafael, *La obra literaria del Marqués de Santillana*, (Madrid, 1957).

_____, "Poesia docta y afectividad en las 'consolatorias'

de Gómez Manrique," en *Estudios sobre literatura y arte dedicados al profesor Emilio Orozco Díaz*, (Granada, 1974), II, 231-239.

Leal de Martínez, María Teresa, *Gómez Manrique, su tiempo y su obra* (Recife, 1959).

Lida de Malkiel, María Rosa, *Estudios sobre la literatura española del siglo XV* (Madrid, 1977).

_____, *Juan de Mena, poeta del renacimiento español* (México, 1950).

López Morales, Humberto, *Tradición y creación en los orígenes del teatro castellano* (Madrid, 1968).

Menéndez y Pelayo, Marcelino, *Antología de poetas líricos castellanos*, tomo VI (Madrid, 1896).

Navarro Tomás, Tomás, *Métrica española*, Syracuse Univ. Press (Syracuse, N.Y. 1956).

Río, Angel del, *Historia de la literatura española*, tomo I (New York, 1963).

Ruiz Ramón, Francisco, *Historia del teatro español (Desde sus orígenes hasta 1900)*, tomo I (Madrid, 1967).

Shergold, N. D., *A History of the Spanish Stage* (Oxford, 1967).

Sieber, Harry, "Dramatic Symmetry in Gómez Manrique's *La Representación del Nacimiento de Nuestro Señor*," en *Hispanic Review*, XXXIII (1965), págs. 118-135.

Zimic, Stanislav, "El teatro religioso de Gómez Manrique (1412-1491)," en *Boletín de la Real Academia Española*, LVII (1977), págs. 353-400.

Ysopete-Zaragoza, 1489

hic liber confectus es
Madisoni .mcmlxxxiiii.